KB117790

공부머리를
완성하는
초등 독서법

공부머리를
완성하는
초등 독서법

남미영 지음

21세기북스

초등 독서 교육이
평생 공부머리를 결정합니다

이제, 공부의 개념이 바뀌었습니다

성인들의 말씀을 줄줄 외는 것이 공부이던 시대가 있었습니다. 책의 내용을 이해하고, 기억하는 것이 공부이던 시대도 있었습니다. 지금은 책의 내용을 이해하고 기억하는 것을 넘어 상상하고, 비판하고, 판단하고, 창의적인 문제 해결책을 내는 것이 공부인 시대가 되었습니다. '4차 산업 혁명'과 '인공 지능'이라는 단어로 표현되는 이 시대의 삶은, 굳은 지식으로 두뇌를 채우는 것만으로는 살아갈 수 없기 때문입니다.

이런 변화에 발맞춰 교육 현장에서도 새 시대에 맞는 아이들의 공부머리를 키울 수 있는 방법을 강구하고 있습니다. 교육 과정과 교과서의 초점을 창의적인 두뇌 교육에 맞추고, 그 목표를 달성하기 위한 방법론으로 독서 교육을 선택한 것입니다.

부모님들 중에는 아직도 자신이 배우던 방식대로 '이해하고 기억하는 것'이 공부라고 믿고 있는 분들이 있습니다. 그래서 오늘도 학원가에는 어린 학생들이 빽빽하게 앉아서 구시대의 공부에 열중하고 있습니다. 이 책은 이런 혼란스러운 교육 환경 속에 놓여있는 학생들에게 새 시대에 걸맞은 공부머리를 선사하기 위해 만든 책입니다.

공부머리는 다양한 읽기 방법을 원합니다

여기 농부 한 사람이 있습니다. 그에게는 100마지기의 땅이 있습니다. 그러나 그에게 농기구라고는 호미 한 자루밖에 없습니다. 그 호미로 풀도 뽑고, 밭고랑도 일구고, 논도 갈고, 추수도 해야 합니다. 이 농부는 재미있게 농사를 지을 수 있을까요? 재미는커녕 고역일 것입니다. 그의 수확은 엉망진창일 것이고, 비료 값도 나오지 않을 것입니다.

또 한 사람의 농부가 있습니다. 그에게도 100마지기의 땅이 있습니다. 그런데 그에게는 각종 농기구가 준비되어 있습니다. 호미, 괭이, 낫, 삽, 쟁기, 트랙터, 탈곡기…. 그는 풀을 베고, 고랑을 일구고, 구덩이를 파고, 논을 삶고, 추수할 때에 거기에 알맞은 농기구를 꺼내어 사용할 것입니다. 농사일은 비교적 덜 힘들 것이고, 가을에는 행복할 것입니다.

차이는 무엇일까요? 농기구입니다. 농기구를 하나만 가진 사람과 여러 개를 가진 사람의 차이입니다. 책 읽기를 좋아하는 사람과 싫어하는 사람의 차이도 이 농부들과 비슷합니다. 어떤 아이는 책을 수십 권 읽어도 머릿속에 아무것도 남지 않는 반면, 어떤 아이는 한 권의 책을 읽어도 천금과도 같은 지혜를 얻습니다.

한국독서교육개발KREDI의 연구에 따르면 우리나라 12~60세 국민의 83%가 읽기 방법 하나로 모든 책을 읽고 있습니다. 바로 '그냥 내 맘대로 쭉 읽기'입니다. 시도, 소설도, 신문도, 역사책도, 과학책도 철학책도, 쉬운 책도 어려운 책도 그냥 내 맘대로 쭉 읽고 있습니다. 그들이 각각의 책으로부터 얻을 수 있는 것은 한 줌의 줄거리뿐입니다. 그런 사람들은 말합니다. 책 읽기란 지루한 의무 같은 것이라고.

그런데 나머지 17%의 사람은 다양한 읽기 방법을 가지고 책을 읽습니다. 책의 종류에 따라, 읽는 목적에 따라, 책의 난이도에 따라 다른 읽기 방법을 사용하고 있습니다. 이들은 말합니다. 책 읽기는 재미있는 여행 같은 것이라고. 아무리 좋은 책도 그 속에 담긴 의미를 찾아내는 사람에게만 좋은 책이 됩니다. 알아들을 수 없는 사람에게는 소음일 뿐입니다.

공부머리는 실용적인 읽기 방법으로 완성됩니다

독서 능력은 단순히 글을 읽는 능력이 아닙니다. 어휘력, 이해력, 요약 능력, 비판 능력, 상상력, 판단력, 창의력, 문제 해결력 등으로 이루어진 '공부머리'의 총집합입니다. 그래서 독서 능력이 높은 아이는 두뇌 속으로 들어오는 지식을 수동적으로 받아들이지 않습니다. 새로운 경험을 종합적으로 사고하고 재가공하여 새로운 지식을 창출해냅니다. 아이가 앞으로 공부를 잘하기를 원하는 엄마라면 반드시 책 읽기 교육부터 시작해야 합니다.

독서 능력은 일생 동안 조금씩 길러지는 능력이 아닙니다. 독서 능력은 언어활동이 자유로운 4~5세부터 조금씩 쌓여, 언어 지능이 세팅되는 12세쯤에 완성됩니다. 초등학생 때 독서 능력을 충분히 기르지 못한 아이는 상급 학교로 올라갈수록 학습 이해도가 떨어져 학습에 흥미를 잃게 됩니다. 반대로 이 시기에 독서 능력을 충분히 기른 아이는 상급 학교로 올라갈수록 공부를 잘하게 됩니다. 다시 말해 초등학생 때 정립된 독서 능력이 평생의 공부머리를 결정하는 것이지요.

'재미있으면 자꾸 하고, 자꾸 하면 잘하게 된다'는 말이 있습니다. 독서도 그렇습니다. 재미있는 방법으로 읽어야 자꾸 읽게 됩니다. 구슬이 서 말이어도 꿰어야 구슬이듯, 딱딱하고 재미없는 읽기 방법은 실용성이 없어 무용지물이 되고 맙니다.

여기에 소개하는 읽기 방법은 엄마와 어린이가 매일매일 실천하기 좋은 쉽고 재미있는 방법들입니다. 책 읽기의 재미를 들이는 방법부터 공부가 즐거워지는 읽기 방법, 생각이 깊어지는 방법까지 두뇌의 발달 단계에 맞추어 실었습니다.

2005년에 《공부가 즐거워지는 습관, 아침독서 10분》을 출간하여 책 읽기 방법들을 소개했습니다. 그 책은 우리나라를 비롯하여 중국과 대만에 다양한 읽기 방법을 소개하는 역할을 해왔습니다. 이 책은《아침독서 10분》에서 소개했던 유용한 읽기 방법들과 그 후 13년 간의 연구를 통해 얻은 새로운 읽기 방법들을 한데 모은 개정판입니다.《아침독서 10분》이 초등학생들의 독서 습관을 바로잡는 데 힘썼다면, 이 책은 한발 더 나아가 초등학생 자녀들의 공부머리를 일깨울 수 있는 읽기 방법을 총망라하는 책이 될 것입니다.

이 책을 읽다보면 학문적 근거와 호기심으로 무장하고 거기에다 나의 엉뚱한 장난기를 약간 보태어 이름을 붙인 읽기 방법들을 만나게 됩니다. '공자처럼 읽기, 괴테처럼 읽기, 화가처럼 읽기, 의사처럼 읽기, 선생님처럼 읽기, 꽃그늘 아래서 읽기…' 등의 이름이지요. 이런 비유적인 이름표를 달고 있는 읽기 방법과 마주하시게 되면 가만히 미소 지어 주세요. 독자 여러분에게 더 가깝게 다가가고 싶은 저의 마음이 담긴 고백이니까요.

2018년, 수지 집필실에서

남미영

1장

12살 이전에 독서 습관을 들여야 하는 이유

2장 공부머리를 완성하는 독서 전략 1단계:

책과 친해지는 독서 환경 만들기

3장 공부머리를 완성하는 독서 전략 2단계:

책 읽기가 즐거운 독서 습관 들이기

4장 공부머리를 완성하는 독서 전략 3단계:

책이 맛있어지는 읽기 방법

5장 공부머리를 완성하는 독서 전략 4단계:

공부가 즐거워지는 읽기 방법

6장 공부머리를 완성하는 독서 전략 5단계:

생각이 넓고 깊어지는 읽기 방법

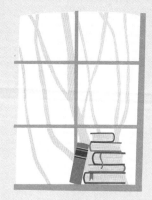

1장

12살 이전에
독서 습관을
들여야 하는 이유

독서 능력이 높은 아이는 하나를 배우면 열을 안다

책을 좋아하셨던 어머니의 영향으로 어린 시절부터 책 속에 푹 빠져 살았다. 깔깔거리며 웃기도 하고, 때로는 슬픈 상황에 처한 주인공과 하나가 되어 펑펑 울기도 했다. 좋은 책 한 권을 다 읽고 난 후의 뿌듯함은 그 어느 것과도 비할 수 없는 큰 기쁨이었다.

초등학교 시절에는 학교 성적이 보통이었다. 그런데 중학교, 고등학교에 가면서 전체 1등을 맡아 놓고 하였다. 그때 나는 학교에서 보는 시험보다 전국적으로 보는 시험을 더 잘 보았다. 범위도 없고, 예상 문제도 없는 시험을 볼 때면 희열을 느끼기도 했다.

수업 시간 중 선생님의 질문에 아무도 대답을 못할 때, 문득 섬광처럼 떠오르는 생각을 말하면 선생님이 칭찬해 주셨다. 그때 내 대답은 어느 책에선가 본 장면이거나, 어느 책에선가 읽은 내용 같았다.

몇 년 전 서울대학교 전체 수석으로 합격한 학생의 인터뷰 내용이다. 어린 시절의 독서 경험이 요술 지팡이처럼 섬광 같은 아이디어를 제공해 주어, 공부를 잘하는 데 도움이 되었다는 고백이다.

이 학생은 독서의 효능을 자신이 읽었던 요정이 나오는 판타지처럼 표현하고 있다. 그런데 이 학생이 말하는 현상을 학문적으로 정리하면 '독서로부터 습득된 간접 경험은 배경지식이 되어 다음 경험을 이해하는 데 도움을 준다'는 스키마 이론의 한 예가 된다.

독서 능력은 일생 동안 조금씩 길러지는 능력이 아니다. 언어 전조작기인 4~5세부터 조금씩 쌓여 언어 지능이 세팅되는 12세쯤에 완성되는 능력이다. 말하자면 사람은 누구나 유치원과 초등학교 시절에 길러진 독서 능력을 기반으로 중학교, 고등학교, 대학교 공부를 하는 셈이다. 따라서 12세 이전에 독서 능력을 충분히 기르지 못한 아이는 상급 학교로 갈수록 학습 이해도가 떨어져 학습에 흥미를 잃게 된다. 반대로 이 시기에 독서 능력을 충분히 기른 아이는 학년이 올라갈수록, 상급 학교로 올라갈수록 공부를 잘하게 된다.

이 이론에 대한 증거로 위인들의 삶을 들 수 있다. 어려서부터 독서광이었던 링컨, 어머니로부터 특별한 독서 교육을 받았던 괴테, 책을 실컷 읽고 싶어서 책방 점원이 되었던 카네기, 10세에 셰익스피어의 명작들은 물론 《로마제국 흥망사》, 《영국사》와 같은 역사서를 다 읽었던 발명왕 에디슨, 책 살 돈이 없어서 책 한 권을 읽으면 그것을 팔아 다시 다른 책을 샀다는 벤자민 프랭클린 등은 모두 어릴 적부터 다져진 독서 능력을 전 생애에 걸쳐 활용한 훌륭한 사례다.

또한 다락방에 숨어 책을 보다가 돌보던 가축이 다 도망가 버렸다는 뉴턴, 책 읽는 동안에 도망가는 양을 막기 위하여 가시철망을 발명하여 거부가 된 목동 조셉, "지금의 나를 만든 것은 우리 동네의 작은 도서관"이라고 자신 있게 말한 빌 게이츠. 이들은 모두 12세 전부터 책 읽기에 푹 빠져 살았던 인물이다.

우리나라의 경우도 다르지 않다. 세종대왕의 독서열은 익히 잘 알려졌고 이순신의 독서열 또한 유명하다.

미국의 독서학자 모티머 J. 애들러는 어휘력, 이해력, 요약 능력, 비판 능력, 상상력, 판단력, 창의력, 문제 해결력 등으로 이루어진 독서 능력은 두뇌 속으로 들어오는 지식을 수동적으로 받아들이기만 하는 게 아니라 종합적으로 사고하고 재가공하여 새로운 지식을 창출해 준다고 말한다.

어떤 아이는 책을 좋아하고, 어떤 아이는 책을 싫어한다. 책을 마지못해 읽는 아이가 있는가 하면 밥 먹는 것도 잊어버린 채 책을 읽는 아이도 있다. 한 가지 중요한 사실은 책을 잘 읽는 아이들은 상급 학년으로 올라갈수록 좋은 성적을 거둘 뿐만 아니라, 인생의 상급 단계로 올라갈수록 큰 성공을 거두게 된다는 사실이다.

세상은 알고 있는
어휘만큼만 보인다

　　　　　　　　어린이의 어휘 발달 과정을 연구하던 시절, 경기도의 한 초등학교 1학년 교실에 들어갔다. 4월 15일, 아이들이 학교에 입학한 지 한 달 하고도 열흘 남짓 지난 시기였다. 나는 아이들에게 그림 한 장을 보여 주었다. 어른에게 실수로 흙탕물을 튀긴 뒤 사과하는 아이가 담긴 그림이었다. 나는 "여러분이 이 아이라면 어떻게 사과하겠어요?"라고 질문했다.

　　1학년 아이들은 친구가 하는 말을 그대로 따라 하는 경우가 많아 한 사람씩 나와 내 귀에 속삭이게 했다. 한 아이는 내 귓가에 대고 "쪽팔려"라고 말했다. 나는 어이가 없어 아이를 한참 동안 바라보았다. 아이는 낯선 선생 앞에서 그저 진지하게 말한 것이었다. 내 표정 때문이었는지 아이는 이내 겁먹은 얼굴이 되었다. 다른 아이들도 차례로 말했다. 창피해요, 미안해요, 죄송합니다 등등 다양했다.

내가 만난 아이들은 이제 갓 입학한 상태였다. 그러므로 그들이 사용한 어휘는 학교교육의 결과가 아니라 가정교육의 결과라고 볼 수 있다. 나는 아이들의 가정환경을 알아보기로 했다.

먼저 "쪽팔려"라고 말한 아이의 집을 방문했다. 아이는 세 살 때 가정이 해체되어 할머니 손에서 자라고 있었다. 아이의 집에는 그림책 한 권도 없었다. 할머니는 "밥솥에 밥을 해 놓고 가면 세 살 때부터 아이 혼자 먹었고, 놀 때는 TV에서 하는 코미디 프로만 보더라"라고 말했다. 그런 환경에서 아이가 상황에 맞는 어휘를 습득할 수 있었을까?

그다음 나는 "죄송합니다"라고 말한 아이의 집으로 갔다. 아이의 집에는 책이 많았다. 아이는 엄마가 들려주는 책을 읽으며 자라고 있었다. 아마도 아이가 사용한 고급 어휘는 책에서 듣고 배운 어휘였을 것이다.

이 실험으로 알게 된 것은 똑같은 장면을 보았을 때 누구나 같은 것을 느끼고 같은 반응을 보이는 게 아니라는 사실이다. 사람은 알고 있는 어휘만큼만 느끼고 이해하고 생각할 수 있다. 어휘는 단순히 말하는 도구가 아니라 느끼고 이해하고 생각하는 도구이기 때문이다. 그래서 아는 어휘가 풍부한지 빈약한지에 따라, 어떤 종류의 어휘를 많이 아느냐에 따라 두뇌에서 발생하는 느낌과 생각과 행동이 달라진다.

언어심리학에서는 '한 사람이 소유하고 있는 어휘의 총체가 그 사람의 성격과 가치관을 결정한다'고 말한다. 우리는 어떤 단어를 듣거나 볼 때에 곧바로 머릿속에 이미지를 그리고, 은연중에 그 이미지를 실현하고자 노력한다. 이 '이미지 실현 본능' 때문에 어린 시절 습득한 어휘들은 자라면서 인생의 방향에 영향을 끼친다.

예를 들어 자살, 마약중독, 살인 등의 자극적인 어휘에 자주 노출된 아이들은 청소년이 되어 자살, 마약중독, 살인 등의 세계에 비교적 더 쉽게 젖어든다. 이는 그 어휘가 주는 세계가 이미 익숙하게 다가와 있기 때문이다. 그렇기 때문에 어린 시절에 좋은 어휘를 많이 듣고 자라는 것이 중요하다.

'폭력을 자주 행사하는 사람일수록 어휘력이 낮다'는 연구 결과도 있다. 어휘력이 풍부한 사람은 자신의 감정과 의사를 상대방에게 정확하게 전달한다. 그러나 어휘력이 부족한 사람은 감정 전달이 어려워 주먹이 먼저 나가는 경우가 많다. 어휘력이 높은 사람은 화가 나는 상황에서도 쉽게 화를 내지 않고 유머로 상대방을 진압한다.

일반적으로 초등학교 1~2학년까지는 부모의 학력, 가치관, 직업, 경제력, 가족 구성원의 수준을 비롯하여, 거주 지역과 사회·문화적 분위기에 따라 어휘력의 차이가 발생한다.

미국의 심리학자 베티 하트와 토드 리슬리의 연구에 의하면 고

학력, 전문직, 중산층 가정의 아이들은 어휘의 양이 풍부하고 질적으로도 고급 어휘를 사용하는 것으로 나타난다. 이러한 현상은 학력과 경제력이 상대적으로 높은 부모들이 독서 경험도 더 많고, 그 결과 다양한 어휘와 교양 있는 어휘를 사용했을 가능성이 높기 때문이다.

부모의 직업이나 가족의 거주 지역에 따라서도 아이가 사용하는 어휘가 다를 수 있다. 아이들은 부모의 직업과 관련된 어휘를 상대적으로 많이 알게 된다. 다양한 사람들이 사는 복잡한 도시의 아이들은 시골 아이들보다 어휘량이 많지만, 매우 건조하고 삭막한 어휘를 사용한다. 또한 현대의 아이들이 과거의 아이들보다 어휘량은 많지만 부정적인 이미지의 어휘를 많이 쓰는 것으로 나타난다.

초등학교 3~4학년이 되면 환경보다는 자신의 독서량과 읽은 책의 종류에 영향을 받는다. 독서량이 많은 어린이는 다양한 어휘를 많이 알게 되고, 읽은 책에 따라 사용 어휘가 달라진다. 명작을 즐겨 읽는 아이들은 불량 만화를 즐겨 읽는 아이들보다 사용 어휘가 온화하고 품격 있다.

책을 읽을 때 만나는 어휘들은 무언중에 독자에게 학습된다. 학습된 어휘는 두뇌와 의식 속에 자리 잡고, 감정과 생각을 조정한다. 이 때문에 인간은 자신의 머릿속에 저장되어 있는 어휘만큼만 이해하고, 느끼고, 생각하고, 행동하게 된다.

책 읽기는 입력,
글쓰기는 출력

"여러분, 셰익스피어는 어느 나라 사람이지요?"

"영국이요!"

"그런데 한때 영국 사람들은 '우리는 셰익스피어를 인도와도 바꾸지 않겠다'는 말을 했다는군요."

"우아! 그건 손해잖아요?"

"글쎄요, 그럴 수도 있겠네요. 그런데 영국인들은 왜 이렇게 말했을까요? 영국인들이 이렇게 말한 의도에 대하여 써 보세요. 시간은 30분, 분량은 800자입니다."

　　　　　'독서와 글쓰기의 영향 관계에 대한 연구'를 위하여 찾아간 대구 M중학교 1학년 교실. 학생 서른여

덟 명 중, 절반 정도의 아이들이 "그런 거 안 배웠다"며 아우성을 쳤다. 그중에 열다섯 명 정도는 고개를 갸웃거리며 무언가 적고 있었다.

30분 후 결과를 모아 보니 거의 백지를 낸 아이들이 다섯 명, '영국인들은 부자라서', '인도가 미개한 나라이니까', '셰익스피어가 글을 잘 쓰기 때문에'와 같은 단답식 문장을 몇 개 써 놓은 아이들이 열 명이었다. 그리고 셰익스피어에 대한 인적 사항과 그의 작품명을 써 놓은 아이들이 스무 명. 제대로 된 글을 쓴 아이는 세 명뿐이었다.

곧이어 학생들의 독서이력을 조사해 보았다. 분석 결과를 보니, 학생들의 독서이력과 글의 내용은 매우 밀접한 관계가 있었다. 제대로 된 글을 쓴 학생들은 셰익스피어의 작품은 물론, 영국의 인도 식민 정책, 간디의 전기 등을 두루 읽은 상태였다. 그들은 영국인들에게 후추 등의 향신료, 목화, 식료품을 제공하고, 영국의 생산품을 소비해 주는 인도가 당시 영국을 얼마나 부유하게 만들어 주었는지를 썼다. 그럼에도 불구하고 '인도와 셰익스피어를 바꾸지 않겠다'고 말한 것은 세계 일등 문화국의 자부심을 드러낸 표현이라는 판단까지 적었다.

같은 학년의 아이들이 같은 교실에서 같은 선생님에게 배우는데, 어떤 아이는 훌륭한 글을 쓰고 어떤 아이는 빈약하기 그지없는 글을 썼다. 그 이유가 무엇일까?

인지과학으로 이 문제에 접근한다면 답은 스키마(기억 속에 저장된 지식)의 많고 적음에서 찾을 수 있다. 인간의 배경지식으로 해석되는 스키마란 일상생활이나 독서를 통하여 우리 두뇌 속에 축적된다. M중학교 1학년의 세 학생처럼 셰익스피어의 작품이나 영국의 인도 식민지 정책에 대한 책을 읽고, 당시 영국과 인도인의 삶을 비교해 본 아이들은 그 이유를 알 수 있다. 반면 그렇지 못한 아이들은 배경지식 부족으로 빈약한 글을 쓸 수밖에 없다.

이와 같이 책을 읽다 우연히 알게 된 지식이나 간접 경험은 머릿속에 저장되었다가 말을 하거나 글을 쓸 때에 소재가 된다. 머릿속에 다양한 생각이 많이 들어 있는 배경지식 부자는 좋은 글을 쓰지만, 그렇지 못한 아이는 쓸거리가 없어 쩔쩔 매게 된다. 책 읽기는 입력이고 글쓰기는 출력이기 때문이다.

글의 등급을 결정하는 것은 내용의 풍부성과 문장 표현력이다. 풍부한 내용은 배경지식으로부터 나오고, 문장 표현력은 좋은 문장의 책을 읽을 때 습득된다. 많은 책을 읽었더라도 문장이 시원찮은 저자의 글만 읽은 아이는 역시 시원찮은 문장을 쓸 수밖에 없다.

명작이라 불리는 책들은 좋은 문장 스타일을 가지고 있다. 좋은 문장은 정확한 어휘 선택, 간결한 문장, 정확한 전달력, 호소력 있는 표현으로 완성된다. 좋은 문장을 쓰지 못하는 작가와 저자가 명작의 주인이 된 적은 없다.《노인과 바다》를 쓴 작가 어니스트 헤밍웨이는 간결한 문장을 쓰기 위하여 서서 글을 썼다.《보바리 부인》을 쓴 프랑스의 작가 귀스타브 플로베르는 정확한 어휘를 선택하기 위하여 스스로 '일물일어설一物一語說'이란 이론을 만들고, 어떤 물체에 딱 들어맞는 단어를 찾기 위하여 고심했다.

사람마다 가지고 있는 문장의 틀이 있다. 한 사람이 가지게 되는 이런 문장 스타일은 이론을 익힌다고 얻을 수 있는 것이 아니라 자신도 모르는 사이에 형성된다. 특히 문자를 읽고 쓰기를 자유자재로 할 수 있을 때부터 대략 7~8년 안에 문장 스타일은 완성된다. 한 사람의 문장 틀이 형성되는 시기는 초등학교와 중학교 때다. 그 스타일을 결정짓는 요소는 그 사람이 가장 많이 읽은 문장 스타일이라고 할 수 있다.

어려서 결정된 문장의 틀은 글을 쓸 때 본이 된다. 이는 청소년기를 지나면서 굳어지고 어른이 된 후에는 바꾸기가 힘들다. 컴퓨터 자판을 독수리 타법으로 치는 사람이 열 손가락으로 타이핑하는 것을 배우는 것만큼이나 어렵다.

독서 습관의 차이가
경제적 차이를 만든다

하버드대학의 흑인 교수 로날드 페르구손은 학교 내에서 볼 수 있는 인종 간 성취도 차이를 연구하다가 '운동 실력 외에 학과 실력으로는 흑인이 백인을 따라갈 수 없다'는 사실을 발견했다.

"정말 백인이 흑인보다 우수한 지능을 가진 것일까?"

로날드 교수는 3년 동안 연구하며 진짜 차이는 아이를 기르는 부모에게 있다는 사실을 발견했다. 그는 다음과 같이 말했다.

"인정하기는 매우 싫지만, 부모의 교육 방법이 학생들의 실력 차이를 만드는 근본 원인이다. 실력의 차이는 두뇌의 차이에서 오고, 두뇌의 차이는 인종의 차이가 아니라 부모의 양육 태도에서 온다. 특히 흑인 부모들은 책 읽어 주기를 하지 않는데, 백인 부모들은 일찍부터 아이들에게 책을 읽어 주고 있었다. 흑인 부모들은 '교육은 학교에서 받는 것'으로 인지하고 있는 반면, 백인 부모들은 가정 학교를 충분히 가동하고 있었다. 일부에서는 학력의 차이를 교사에게 돌리기도 하지만, 사실은 교사가 아니라 부모의 태도와 유아 시절 부모의 독서 지도에서 오는 차이였다."

우리나라에도 비슷한 연구 결과가 있다. 1990년대 초반에 고학력·중산층 이상의 가정에서 자란 아이들이 저학력·저소득층 가정의 아이들에 비해 성적이 높고 일류대 합격률도 높다는 사실이 밝혀졌다. 사회 일각에서는 부유층 가정의 자녀들이 학원 수강을 많이 해서 학력이 높아진 것이라고 판단했다. 그래서 학원이 밀집한 지역으로 집을 옮기는 소위 '강남증후군'이 시작되었고, 서울 특정 지역의 주택 값이 폭등하는 세계적인 기현상을 낳게 되었다.

'부익부 빈익빈 사회'에 대한 각성이 국민의 대다수를 절망과 분노 속으로 몰아넣자, 정부는 문제를 해결하기 위하여 갖가지 부동산 정책을 내놓았다. 그러나 정부의 부동산 정책을 비웃기라도 하는 양 부익부 빈익빈 사회는 한층 더 심화되고 있다.

2002년 한국교육개발원KEDI은 전국의 고등학교 2학년 5,000명을 대상으로 학생들의 학습 습관을 조사했다. 그 결과 성적이 3년 연속 상위 10% 이내에 드는 학생들에게서 다음과 같은 특징을 발견했다.

공부 잘하는 학생들의 5대 특징

1 어려서부터 독서 습관이 몸에 밴 '책벌레'다.

2 선생님에게 의지하지 않고 스스로 자기 주도적으로 공부한다.

3 학원보다는 도서관에서 혼자 공부한다.

4 즐겁게 공부하고 공부를 좋아한다.

5 공부뿐만 아니라 소설, 신문, 영화 보기를 즐긴다.

　이 조사 결과를 보면 공부 잘하는 학생의 모습이 눈앞에 그려진다. 어려서부터 책을 많이 읽어서 독서 능력이 풍부한 학생, 그래서 책을 읽으면 이해가 빠르고 기억이 잘되어 공부가 즐거운 학생, 학원에서 배운 내용을 다시 듣는 것보다 도서관에서 혼자 조용히 공부하는 것이 효과적인 학생이다.

　한국교육개발원 보고서는 이런 결과를 놓고 '학력의 차이를 만드는 것은 부모의 학력이나 경제력에 직접적인 영향을 받는 것이 아니라, 학력이 높은 부모와 경제력이 높은 부모가 그렇지 못한 부모보다 자녀의 독서 교육에 관심이 많았기 때문'이라는 결론을 내렸다. 그러나 부모의 학력이나 경제력이 낮더라도, 부모가 독서 교육에 신경을 쓰고 올바른 독서 습관을 길러 주었을 경우에는 자녀의 학습 능력은 높았다고 말했다.

한 권의 책은 한 명의 스승, 백 권의 책은 백 명의 스승

모두들 일류 대학에 가려고 난리다. 자녀가 세계적인 유명 대학에 합격하면 그 가정은 축제 분위기가 된다. 왜 그럴까? 학교 건물이라면 일류 대학보다 삼류 대학이 더 크고 멋지다. 하버드대학이나 옥스퍼드대학의 건물은 낡고 보잘 것 없다. 일류 대학을 선호하는 이유는 건물이 아니라 교수에 있다. 일류 대학의 명망 높은 일류 교수 때문이다.

그런데 일류 교수는 일류 대학에만 있는 게 아니다. 책 속에도 있다. 아니 책 속에는 대학 교수보다 더 훌륭한 특등 스승이 있다. 링컨, 이순신, 세종대왕, 처칠 같은 위인들도 있고 톨스토이, 셰익스피어, 괴테, 헤밍웨이, 제인 오스틴 같은 작가들도 있다. 그리고 순수한 청년 베르테르, 위대한 개츠비, 닥터 지바고, 안나 카레니나, 보바리 부인, 성춘향, 아Q, 엉클 톰, 빨간 머리 앤 등 소설 속 등장인물도 우리를 가르치는 교수가 된다.

그들은 우리가 책만 펴면 언제든지 만나 볼 수 있다. 책 속 교수진의 강의에는 수강 신청 기간도, 방학도 없다. 밤이나 낮이나 편한 시간에 책만 펴면 만나 주는 친절한 스승들이다. 그들은 수많은 제자를 거느리고 있다. 어떤 스승은 수백 년 동안 수십억 명의 제자들에게 가르침을 주고 있다. 그들의 강의는 앞으로도 수백 년, 수천 년 동안 계속될 것이다. 어떤 일류 대학의 교수가 이런 영광을 누리겠는가?

배움이란 '패턴 북Patern Book'을 배우는 일이다. 선생이 가지고 있는 지식의 패턴, 생각의 패턴, 판단의 패턴을 배우는 일이다. 우리가 좋은 선생에게 배우려는 것은 그들이 좋은 패턴 북을 가지고 있다고 믿기 때문이다.

책 읽기도 저자가 만들어 놓은 패턴 북을 배우는 활동이다. 책이란 저자의 사상과 철학을 구경하기 좋게 만들어 놓은 패턴 북이다. 인간관계를 위한 패턴도 있고, 사랑을 위한 패턴도 있으며, 가정과 행복을 위한 패턴도 있다. 책을 읽을 때 우리는 위인들의 삶에서 혹은 작가들이 창조해 놓은 인물들을 통하여 그들이 가지고 있는 인생의 패턴을 구경하고 모방한다.

두뇌학자들은 우리 각각의 두뇌도 패턴 북이라고 말한다. 인간은 어머니 배 속에서부터 어머니의 삶과 생각을 전해 받아 두뇌 속에 자신의 패턴을 만들어 나간다. 그리고 세상에 태어난 뒤에 보고 듣는 것을 통하여 또다시 자신의 패턴을 보완한다.

우리는 새로운 패턴을 발견하면 과거의 패턴과 비교해 보고 빠진 조각을 추가하여 완벽한 패턴을 만들려고 노력한다. 이때 새로운 패턴을 인식하려면 맞추어 볼 패턴이 머릿속에 들어 있어야 한다. 또 패턴을 회상하려면 마찬가지로 머릿속에 든 게 있어야 한다. 머릿속에 든 것이란 이미 가지고 있는 패턴이다.

학교에 갓 입학한 어린이나 사회에 갓 나온 청년들은 엄청난 양의 새로운 패턴에 노출된다. 만나는 사람마다 서로 다른 패턴을 가지고 있어서 자신을 가눌 수 없을 만치 혼란스럽다. 이때 누군가는 이미 많은 패턴 북을 가지고 있어서 새로운 상황에 노출되더라도 두뇌 속에서 패턴을 척척 끄집어내 끼워 맞춘다. 새로운 사실을 인식하고 의미 있게 학습하며, 통찰을 통해 새로운 결론까지 도출해 낸다.

반면에 패턴 북이 비어 있는 누군가는 새로운 사실을 발견하더라도 맞추어 볼 패턴이 없어서 '인식'하지 못한다. 패턴 인식에 실패한 것을 두뇌는 잡동사니Noise로 취급하고 버린다. 어떤 상황을 만났을 때 머리가 지끈 아파 오는 것은 두뇌 속에서 패턴을 찾으려고 애쓰다가 발견하지 못했을 때 일어나는 두뇌의 히스테리로 볼 수 있다.

다양하고 많은 패턴을 가진 두뇌는 빈약한 패턴의 소유자보다 공부도 잘하고 처세도 잘한다.

훌륭한 패턴을 가진 스승을 한 명만 만나 본 사람과 백 명을 만나 본 사람은 다르다. 한 명만 만나 본 사람은 빈약한 지식에 빈약한 사고의 소유자일 수밖에 없다. 수많은 인류의 스승에게 배운 사람은 수많은 학교를 다닌 사람과 비슷하다. 일류 명작을 읽은 사람은 일류 대학을 나온 사람과 같다. 한 권의 책은 한 명의 스승, 백 권의 책은 백 명의 스승이다.

책이 마음의 병을 고친다

초등학생이나 중학생의 경우, 감동을 받은 책이 생기면 독서 흥미가 상승한다. 반면에 감동 주는 책을 만나지 못한 아이들은 독서 흥미가 슬금슬금 떨어진다. 아이가 감동받는 책은 부모님이 권해 주는 책이 아니라 친구가 권해 주는 책일 경우가 많다. 그러나 친구가 감동받았다고 해서 무조건 감동받는 것도 아니다. 책이 나를 위로해 줄 때, 책이 내 마음의 상처를 치료해 줄 때에 그 책은 잊을 수 없는 운명의 책이 된다. 나도 그랬다.

어린 시절, 외할머니가 우리 집에 오셨다가 나를 가리키며 말했다.

"쟤는 왜 저리 못생겼니? 얼굴은 말상에, 턱은 도라지 캐는 꼬챙이같이 뾰족한 게, 앞 마빡 뒤 마빡은 짱구지, 코는 양놈들처럼 삐죽하고, 귀는 칼귀에, 인중마저 짧네…. 에구, 참 복 없이 생겼다."

외할머니의 말은 어린 나에게 깊은 상처를 남겼다. 그 후 나는 스스로를 못생긴 아이라고 확신하고 어른들 말을 듣지 않는 아이가 되어 갔다.

초등학교 4학년이 되었을 때 담임선생님이 독서 감상문 숙제를 내면서 나에게 책 한 권을 빌려주었다. 나는 그 책을 품에 안고 집으로 오다가 너무나 궁금해서 들길에 앉아 펴 보았다. 책 속에서 오리 할머니가 못생긴 새끼 오리를 바라보며 말했다.

"에구, 어쩌다 저리 못생긴 것이 태어나 가지고…."

나는 숨이 막혔다. 나를 꼭 닮은 오리가 책 속에 있었던 것이다. 나는 숨을 죽이고 책 속으로 빠져들었다.

미운 오리가 구박을 받으면 내 가슴이 무너지는 것 같았고, 미운 오리가 머리를 쪼이면 내 머리에서 피가 흐르는 것 같아서 눈물이 났다. 외롭고 슬픈 미운 오리가 연못가를 떠날 때는 빨리 안전한 곳으로 가기를 바라는 마음에 조바심이 났다. 미운 오리가 호수에 비친 자기 모습에서 아름다운 흰 날개를 발견하는 장면에서는 어깻죽지가 간질간질할 정도로 내 안에서 힘이 솟구쳤다. 마침내 백조가 된 미운 오리가 아름다운 날개를 좍 펼치고 푸른 하늘로 날아오르자 눈물이 펑펑 쏟아졌다. 그날 날이 어두워져 글씨가 보이지 않을 때까지 나는 그 들길에 앉아서 책을 읽고 또 읽었다.

그렇다.《미운 오리 새끼》는 내 이야기였다. 나는 그 감동을 독서 감상문 속에 고스란히 적어서 선생님에게 드렸다. 선생님은 내 독서 감상문을 들고 이 교실 저 교실로 다니며 읽어 주었다.

그 이후 다른 반 선생님들은 나를 보면 머리를 쓰다듬으며 "네가 글을 잘 쓰는 그 아이구나" 하고 칭찬해 주었다. 담임선생님은 그 감상문을 대회에 보내 연필 한 다스와 공책 열 권까지 받아다 주셨다. 그 일은 나에게 책이 주는 위로와 달콤함을 맛보게 해 주었다.

미운 오리 새끼 사건. 그것은 어린 내가 삶의 슬픔을 어떻게 극복할 수 있는지 가르쳐 주었다. 책 속에 나를 위로하는 무언가가 들어 있다는 것을 눈치챈 나는 닥치는 대로 책을 읽는 아이가 되었다. 그리고 지금은 책 읽기를 연구하는 사람이 되었다.

아이에게 운명의 책을 만나게 해 주려면 우선 아이의 아픔이 무엇인지 알아야 한다. 그리고 그 아픔을 어루만져 줄 책을 아이가 읽을 수 있도록 안내해야 한다. 운명의 책을 만나 마음의 병을 치료한 아이는 다시 건강하게 자랄 수 있다.

책이 마음의 병을 고치는 원리는 다음과 같다.

첫째, 동일화의 원리다. 동일화Identification란 다른 사람에게 애정을 느끼고 자신과 다른 사람을 일체로 생각하는 자아의 자각 과정이다. 책 읽기에서 동일화는 주인공과 일체되는 감정에서 생긴다. 동일화를 경험하면 독자의 마음이 아파지면서 자신의 고통과 마주하게 된다.

둘째, 카타르시스의 원리다. 카타르시스Catharsis는 감정 정화 현상으로, 내면에 쌓여 있는 욕구불만이나 심리적 갈등을 언어나 행동으로 표출할 때 느껴지는 감정적 황홀감이다. 이 황홀감은 동일화가 이루어지고 사건이 마무리될 때 일어난다.

셋째, 통찰의 원리다. 통찰Insight이란 자기 자신이나 문제에 대하여 올바르고 객관적인 인식을 체득하는 현상으로 카타르시스 다음에 나타난다. 등장인물의 행동이나 삶을 통하여 자신의 아픔을 객관적으로 볼 수 있는 통찰의 힘은 자신의 병을 스스로 치료할 수 있는 능력으로 변환된다.

책이 사람을
아름답게 한다

"제가 암 3기거든요. 병원에서 두 달밖에 못 산대요. 그래서 보고 싶은 영화나 실컷 보다 가려고요."

대형 서점 계산대 앞에 줄 서서 차례를 기다리고 있는 내 귀에 들려온 소리다. 살펴보니 내 앞에 선 손님이 계산대 직원에게 하는 말이었다.

"돈이 모자라면 카드로 하시죠."

계산대 직원의 칼처럼 사무적인 음성.

"카드가 없어요. 병원에서 나왔거든요. 다시 올 수가 없는데…. 나중에 동생이 돈을 가져다 드리면 안 될까요?"

구깃구깃한 트렌치코트를 입은 채 계산대에 몸을 비스듬히 기대고 선 여인이 말했다. 여인의 어깨 너머로 넘겨다보니 영화 DVD가

몇 장 놓여 있었다. 그녀는 어느 것을 뺄까 이것저것 뒤적이더니 다시 직원에게 부탁했다.

"뺄 게 하나도 없어요. 꼭 보고 싶은 것만 골랐거든요. 그렇게 해주시면 안 될까요?"

"안 됩니다. 가진 돈만큼만 가져가시죠. 뒷사람이 기다리니 빨리 결정하세요."

나는 슬며시 가방에서 돈을 꺼내 바닥에 떨어뜨리고 그녀의 어깨를 톡톡 건드렸다.

"저기요, 댁의 주머니에서 돈이 떨어졌는데요."

순간, 30대 후반쯤으로 보이는 창백한 여인의 눈과 마주쳤다. 이미 생의 한계선을 넘은 듯한 그녀의 퀭한 눈에서 섬광 같은 한 줄기 빛이 일렁였다. 그 빛과 마주친 나는 고개를 숙였다. 그녀는 말없이 돈을 주워 계산대 직원에게 건넸다. 그러고는 DVD가 든 비닐 봉투를 들고서 사람들 속으로 멀어져 갔다.

그날 저녁, 식탁에 앉은 식구들에게 서점에서 있었던 일을 이야기했다. 아들이 말했다.

"엄마, 오늘 착한 일 하나 했네."

착한 일? 나의 행동은 사실 창의적인 아이디어가 아니었다. 언젠가 읽고 감동받은 적 있는 미국 저널리스트 잭 캔필드의 책에서 본 뜬 행동이었다.

잭 캔필드가 소년이던 어느 날, 그는 아버지와 서커스 구경을 갔다. 부자 앞에 올망졸망 작은 아이 여섯 명을 데리고 온 젊은 부부가 서 있었다.

"어린이 표 여섯 장과 어른 표 두 장 주세요."

매표소 직원이 가격을 말하자 아이들 어머니는 갑자기 한숨을 쉬며 고개를 푹 숙였다. 그러자 아이들 아버지가 작은 목소리로 매표소 구멍에 대고 다시 물었다.

"방금 얼마라고 했죠?"

매표소 직원이 다시 말하자 그 아버지 역시 당혹감으로 고개를 숙였다. 좋아서 어쩔 줄 모르는 아이들에게 돈이 부족하다는 말을 차마 할 수가 없었던 것이다.

이때 잭 캔필드의 아버지가 아무도 모르게 50달러짜리 지폐를 땅에 떨어뜨리고는 아이들 아버지의 어깨를 톡톡 건드렸다.

"저기요, 댁의 주머니에서 돈이 떨어졌는데요."

여섯 아이의 아버지는 그 말의 뜻을 금세 알아차렸다. 그는 눈으로 가볍게 인사를 하고는 땅에 떨어진 지폐를 주웠다. 그리고는 표를 사서 아이들 손을 잡고 서커스 천막 안으로 들어갔다. 그날, 잭 캔필드와 아버지는 그냥 집으로 돌아올 수밖에 없었다. 표 살 돈이 없었기 때문이다.

이 글은 꽤 오래전에 읽었다. 20년 전인가, 30년 전인가? 잊고 있었는데, 비슷한 상황이 벌어지니 나도 모르게 돈을 꺼내 모방 행동을 했던 것이다. 원래 내가 착한 사람이었던 것처럼 자연스럽게. 순식간에 일어난 일이었다.

독서라는 것은 그렇다. 입력될 때는 조용한 감동으로 들어오지만, 나갈 때는 당당하고 거침없는 행동이 되어 나간다. 번데기 속을 나와 날개를 펴고 날아오르는 나비처럼 말이다. 책은 이토록 사람을 아름답게 만든다.

책 읽는 사람의 뇌는
천천히 늙는다

《백년을 살아보니》를 쓴 김형석 박사가 화제다. 100세가 내일 모레인데 허리 하나 굽지 않은 채 언제나 미소 띤 얼굴로 강연을 다니고 책을 집필한다. 요즘은 한 일간지에 '100세 일기'라는 에세이도 연재한다. 그를 아는 사람들은 말한다. 김형석 박사처럼만 늙으면 100세까지 산들 무슨 걱정이 있겠느냐고. 말하자면 김형석 박사는 건강하고 아름답게 늙고 싶은 사람들의 롤 모델인 셈이다.

김형석 박사의 육체 건강도 화제지만 그분의 두뇌 건강이 더욱 화제다. 그는 기억력이 좋고 화술도 좋다. 말할 때 언제나 상황에 딱 들어맞는 단어를 선택한다. 적절한 단어가 생각나지 않아 우물쭈물하는 노인 특유의 망설임이 없다. 청중의 마음을 들여다보듯 재미있는 강연 중에 젊은 감각의 유머를 날리기도 한다.

한 달에 강연을 20회쯤 소화한다니 광장한 체력이다. 혹시 횡설수설할까 봐 사람 한 명을 데리고 다니면서 강연을 모니터링하는데, 아직 까딱없다고 한다. 꼿꼿이 서서 진행하는 한 시간짜리 강연을 원고 한 번 보지 않고도 물 흐르듯 유창하게 마친다.

김형석 박사의 글은 더 젊다. 글쓴이가 누군지 모르는 사람이 보면 40~50대가 쓴 글 같다. 단어도 젊고 문장도 젊고 생각도 젊다. 도무지 노인 같은 구석이 전혀 없다. 이처럼 젊은 두뇌를 유지하는 김형석 박사의 비결은 무엇일까?

젊은 두뇌와 늙은 두뇌의 차이는 기억력에서 비롯된다. 치매는 늙은 두뇌의 전형이다. 100세까지 치매가 오지 않은 김형석 박사의 두뇌에는 어떤 비결이 있는 것일까?

김형석 박사의 일과표를 보자. 일주일에 세 번 수영하기, 하루에 3~4시간 책 읽기와 3~4시간 글쓰기가 들어 있다. 거기에 가끔 지인들과 전화하기, 제자들의 초청에 나가 담소하기가 전부다. 정년퇴직한 다른 노인들의 일상과 비슷하다.

그런데 다른 노인들과 다른 것이 딱 하나 있다. 바로 책 읽기와 글쓰기에 할애하는 시간이 광장히 많다는 것이다. 하루 7~8시간 책을 읽고 글을 쓴다는 것은 대단한 일이다. 그 시간은 바로 김형석 박사가 두뇌 운동을 하는 시간이다. 그것도 아주 높은 강도의 운동이다. 전문가들은 김형석 박사의 젊은 두뇌 유지 비결이 여기에 있다고 본다.

인간의 뇌는 평생 동안 크기가 점점 줄어든다. 만 25세 정도에 가장 크고, 그 후로는 매년 0.5%씩 줄어든다. 어린 시절뿐 아니라 어른이 되어서도 평생 새로운 뇌세포가 만들어지지만, 새로운 뇌세포가 죽어 가는 뇌세포를 앞지르지 못하기 때문에 두뇌는 늙어 간다. 새로 만들어지는 세포보다 죽는 세포가 월등히 많을 때 치매가 발생한다. 그러니까 자연스럽게 죽는 뇌세포보다 더 많은 세포가 만들어질 수만 있다면 뇌는 천천히 늙을 수 있다.

스웨덴의 정신과 의사 안데르스 한센은 뇌를 젊게 하는 비결로 운동과 사고활동을 꼽는다. 그는 "사람은 자신의 뇌를 젊게 할 수 있고, 빨리 늙게 할 수도 있다"고 말한다. "젊은 뇌를 유지하는 가장 좋은 비결은 운동이다. 몸에는 산책, 댄스, 수영처럼 가벼운 운동이 좋고, 두뇌 운동으로는 책 읽기가 으뜸"이라고 한다.

이제까지 알려진 바로는 독서가 가장 실용적인 두뇌 훈련 방법이다. 책 속에서 보고 배우는 새로운 지식과 상황에 대한 간접 경험은 죽어 가는 감각을 되살리고, 무뎌져 가는 생각을 날카롭게 벼린다. 책 읽는 시간은 새로운 뇌가 만들어지는 데 필요한 세포를 만드는 시간이다.

독서는 꿈을 꾸는 행위다. 책 속에는 우리가 경험하지 못했던 새로운 세계가 담겨 있다. 독서는 우리를 새로운 세계로 이끈다. 이때 우리 뇌는 경이와 감동을 느끼고 깊은 생각 속으로 들어간다. 그렇게 활발한 감각과 사고를 소화하기 위하여 우리 뇌는 새로운 세포를 만들어 낸다. 쉽고 가벼운 읽을거리만 읽거나 소파에서 뒹굴며 리모컨을 만지작거릴 때는 새로운 세포가 필요하지 않다. 책과 멀어진 일상에서 우리 뇌는 새로운 세포를 만들지 않는다.

'뇌가 우리를 지배하는 것이 아니라 우리가 뇌를 지배한다'는 생각이 가장 중요하다. 나의 뇌를 늙지 않게 관리하는 주체는 바로 나다. 이 명쾌한 진리도 독서 습관이 없는 사람에게는 그림의 떡일 뿐, 좋은 독서 습관을 가진 사람에게만 적용된다는 사실을 잊지 말자.

세상의 모든 리더(Leader)는 모두 리더(Reader)

공자, 링컨, 세종대왕, 괴테, 슈바이처, 처칠, 스티브 잡스, 빌 게이츠. 이들의 공통점은 무엇일까? 이들은 타인에게 존경받는 리더이며, 어린 시절에 책 읽기를 밥 먹기보다 좋아했던 사람들이다.

링컨이 고향 스프링필드에서 하원 의원에 출마했을 때 상대 후보인 더글러스가 그의 학력을 꼬투리 잡아 공격했다.

"초등학교 2학년 중퇴생에게 우리 스프링필드를 맡길 수 있겠습니까?"

"안 됩니다! 안 돼요!"

청중이 대답했다. 매몰찬 분위기 속에서 단상에 오른 링컨은 청중에게 질문했다.

"일류 대학을 나온 더글러스와 초등학교 중퇴인 내가 나란히 후보로 나섰습니다. 그렇다면 우리 둘 중 누가 더 노력하며 산 사람입니까?"

"링컨이요, 링컨!"

청중이 화답했다. 선거운동 초반전에서 낙선이 확실시되던 후보 링컨은 그날의 연설 이후 큰 인기를 얻었고 결국 더글러스 후보를 따돌리며 당선되었다.

링컨의 리더십은 어디에서 비롯되었을까? 그는 수많은 책을 읽으며 알게 된 지식과 다양한 상황, 많은 인물을 두뇌 속에 저장했다. 그리고 대중 앞에서 말할 때마다 그것들을 꺼내 썼다. 그는 어떤 아이디어가 떠오르면 종이쪽지에 메모한 뒤 쓰고 있던 모자 안에 넣었다. 집에 돌아와 모자 속 쪽지를 다시 읽고 정리하는 것이 그의 중요한 일과였다. 국민을 위한, 국민에 의한, 국민의 정부라는 그 유명한 게티스버그 연설문도 자동차 안에서 생각난 것을 적어 실크 모자 속에 넣었다가 연설장에서 꺼내 읽은 것이었다.

부모는 아이가 사람들에게 존경받는 리더로 살기를 원한다. 그럴 때 무엇보다 먼저 해야 할 일은 자녀를 책 읽기 좋아하는 아이로 만드는 일이다. 부모는 다양한 방법으로 아이가 책을 맛있게 읽어 낼 수 있도록 이끌어야 한다. 그래야 부모가 원하는 자기 주도 학습이 가능해지고, 아이는 하나를 배우면 열을 아는 지능을 가지게 된다.

또한 좋은 독서 습관을 가진 아이는 타인을 배려하는 데 필요한 공감 능력, 옳은 일을 위하여 행동할 수 있는 정의감과 용기를 가진 어른으로 성장한다.

책은 지식과 진실을 캐내는 곡괭이, 가야 할 곳을 비추는 손전등이다. 곡괭이와 손전등을 가진 사람만이 리더가 된다.

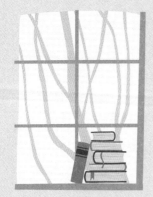

2장

공부머리를 완성하는
독서 전략 1단계

책과 친해지는
독서 환경 만들기

좋은 기억 한 조각이
책을 좋아하게 만든다

　　　　　　　　　　　　　　"아이가 책을 안 읽어요. 어떻게 해
야 책을 좋아하게 될까요?"

　많은 학부모들의 공통적인 고민이다. 하지만 대부분의 부모가 자신의 자녀가 독서를 좀 많이 했으면 하는 소망을 가지고 있으면서도, 거기에 들이는 노력이 미미한 경우가 대부분이다. 자녀가 어떤 책을 좋아하고, 어떤 책을 싫어하는지를 확인하지도 않은 채 무조건 책을 많이 읽기를 바란다.

　자녀가 책을 읽게 하기 위하여 노력하는 부모 중에는 무조건 "책을 읽으라"고 말만 하는 '잔소리형' 부모와 책 한 권 읽을 때마다 1,000원씩 주는 '미끼형' 부모, 일주일에 책을 6~8권씩 읽히는 '퍼먹여형' 부모가 있다. 하지만 이런 상황에서 아이는 책을 좋아하게 되기보다는 싫어하게 될 확률이 더 크다.

아이가 책을 좋아하게 만들려면 어릴 때부터 책에 대한 좋은 기억을 가지도록 도와야 한다. 책이 많은 가정 분위기, 책을 읽는 부모의 모습, 부모와 갔던 책방이나 도서관의 아늑한 분위기, 부모에게 받은 책 선물, 책을 읽고 토론할 때 선생님으로부터 들었던 칭찬 한마디, 감기로 누워 있던 어느 날 동화책을 읽어 주시던 어머니의 부드러운 목소리, 동네 책방 주인의 친절한 미소, 처음으로 내 책을 갖게 되었을 때의 기쁨, 좋아하는 주인공이 생겼을 때의 감동…. 이런 경험은 아이와 책의 친밀도를 높여 준다. 책과 친밀도를 쌓은 아이가 자라면서 '책 좋아하는 사람'이 된다.

반면에 책이 없는 가정, 책을 찢었다고 매를 맞았던 기억, '책이 밥 먹여 주냐'며 야단치던 부모, 공부는 안 하고 책이나 보느냐고 힐책하던 부모, 책으로 머리를 때리던 선생님, 책을 잘 못 읽는다고 놀리던 친구들 등은 책과의 친밀도 형성에 부정적인 영향을 준다. 이런 아이는 자라면서 '책을 싫어하는 아이'로 자랄 가능성이 높다.

그러니까 한 아이가 책을 좋아하고, 좋아하지 않고는 부모뿐 아니라 선생님, 친구들, 동네 책방 아저씨까지 영향을 준다. 자란 마을이나 도시, 국가의 정책도 책과의 친밀도 형성에 주요한 원인이 된다. 책이 없는 학교, 책방과 도서관이 없는 문화적으로 황폐한 마을이나 도시도 책과의 친밀도를 높이는 데 부정적으로 작용한다.

최근에는 운동선수, 배우와 같은 인기 스타들이 사회의 초고소득
자로 등극하면서 책과 관련된 정신적 가치를 창출하는 사람들의 가
치가 비교적 낮게 평가되고 있다. 국가가 경제 발전에만 우선순위를
두거나 책의 가치를 폄하하는 사회에서도 책 읽는 문화가 자리 잡지
못한다. 이런 시대, 이런 사회에서 자라난 아이들은 책과 친밀도가
낮을 수밖에 없다.

　좋은 부모가 되기 위해서는 아이에게 책과 관련된 달콤하고 다양
한 추억을 많이 마련해 주어야 한다.

'우리 아이는 책을 좋아해'라고
단정 짓지 않는다

오랫동안 독서 관련 상담을 하며 우리나라 부모들이 공통적으로 보이는 증상을 발견했다. '우리 아이는 책을 좋아해'라고 단정 짓고 흡족해하는 증세다. 이런 부모의 자녀는 대부분 하루에 책을 두세 권쯤 읽는 '다독왕'이었다.

이런 부모들이 간과하는 사실이 있다. 책을 하루에 한 권 이상 읽으면 누구나 대충대충 읽을 수밖에 없다는 점이다. 아무리 재미있는 영화라도 두세 편 몰아 보면 기억에 제대로 남지 않듯이 하루에 책을 두세 권이나 읽으면 우리의 두뇌가 이를 받아들이지 못한다. 사람의 두뇌는 100권을 대충 읽을 때보다 10권을 꼼꼼하게 읽을 때 더 활발하게 작동하고, 더 많은 지식과 정보를 두뇌 속에 저장한다.

우리나라에는 책을 많이 읽는 것이 최고라고 생각하는 '양적 독서파' 부모가 많다. 실제로 일주일에 여러 권의 책을 읽히는 시스템 속에 자녀를 넣어 놓고는 '우리 아이는 한 달에 책을 50권, 100권을 읽는다'고 자랑하는 부모도 있다. 이런 부모는 성공적으로 독서 교육을 마쳤다는 만족감에 사로잡혀 일찍이 책 읽기 지도에서 손을 뗀다. 그러면 아이는 부모의 관심에서 벗어나 좋아하는 책만 읽기, 설렁설렁 읽기, 불량 서적 읽기 등 심심풀이 독서에 빠지게 되어 독서가 주는 기쁨을 잃어버린다.

한편 '우리 아이는 책을 싫어해'라고 단정 지으며 불행해하는 부모도 있다. 이런 부모의 자녀는 첫사랑 같은 운명의 책을 아직 만나지 못했거나 다양한 읽기 방법을 몰라 책 읽기의 재미를 깨닫지 못한 경우가 많다. 이런 아이들은 부모의 의중을 간파하고는 '나는 책 읽기에 소질이 없어'라며 스스로 독서를 포기한다.

세계적인 수영 선수 마이클 펠프스는 수영장에 처음 갔을 때 물이 무서워 들어가지 못하고 벌벌 떠는 아이였다. 만약 그의 부모가 '우리 아이는 수영에 소질이 없어'라고 바로 단정 지었다면 세계적인 수영 선수는 탄생하지 못했을 것이다.

평생토록 책과 친밀하게 지내는 행복한 독서가로 키우려면 '우리 아이는 책을 좋아해' 혹은 '우리 아이는 책을 싫어해'라고 단정 짓지 않는 것이 중요하다.

아이에게 책 읽는 모습을 보여 준다

　　　　　　　　　　　2015년 영국 소아과의사협회에서 성인 5,000명에게 '기억에 남는 아름다운 엄마의 모습'을 질문했다. 그 결과, '자장가 불러 주던 엄마'에 이어 '책 읽어 주던 엄마', '책 읽던 엄마'가 뽑혔다. 이런 추억을 가지고 있는 성인 대부분은 '어린 시절부터 독서 습관이 있었고, 지금도 독서를 좋아한다'고 응답했다.

　이 연구는 책 읽는 엄마의 모습이 어린 자녀의 두뇌에 '책 읽기는 아름다운 것'으로 인식되게 하고, 이 긍정적인 인식이 책에 대한 친밀감으로 작용한다고 주장한다. 그래서 아이를 책 좋아하는 사람으로 기르고 싶다면 자주, 아이 앞에서, 조용히, 책 읽는 모습을 보여 주어야 한다고 말한다.

　2017년 미국 하버드대학 유아교육과 연구팀은 6세 아이의 능력에 대한 연구에서 '독서 습관이 있는 아이일수록 엄마가 책을 좋아했다는 기억을 가지고 있다'고 보고했다. 이 연구는 머릿속에 책을 좋아하는 엄마의 이미지가 들어 있는 아이들은 자신도 책에 대한 거부감이 없었다고 말한다.

자신은 하루 종일 텔레비전만 보면서 자녀에게는 책을 읽으라고 노래를 부르는 부모들이 있다. 이는 혀가 짧은 훈장이 '나는 바담 풍 해도 너희들은 바람 풍하라'고 가르쳤다는 옛 이야기처럼 코미디에 불과하다. 아이들에게 가장 효과 있는 독서 권장법은 부모가 책 읽는 모습을 보여 주는 것이다.

2017년 문화체육관광부 통계에 의하면 우리나라 성인의 연평균 독서량은 10.7권이다. 이 수치는 영국, 프랑스, 독일 등 유럽 국가의 6분의 1, 미국의 4분의 1에 해당한다. 이 중 1년에 책을 한 권도 읽지 않는 사람이 국민의 36.5%이며, 1년에 책을 한 권도 사지 않는 사람은 51%에 달한다. 현재 한국의 성인 독서량은 저개발 국가와 비슷하다.

한 설문에서 1년 독서량이 세 권 미만인 성인들을 대상으로 책을 읽지 못하는 이유를 물었다. 그러자 응답자의 87%가 '시간이 없어서'라고 답했다. 그러나 이 말은 핑계일 뿐이다. 우리 중 누구도 독서 시간을 따로 가지고 태어난 사람은 없다. 누구에게나 공평하게 허락된 하루 24시간을 나누어 책을 읽을 뿐이다.

'백문이 불여일견百聞 不如一見'이라고, 한 번 보여 주는 것이 백 번의 잔소리보다 낫다. 아이 앞에서 책을 읽는다. 책을 읽고 부부가 그 책에 대한 이야기를 나눈다. 책을 읽다가 모르는 말이 나오면 조용히 사전을 찾아본다. 부엌 식탁이나 거실 소파 옆에 읽던 책을 놓아둔다. 어린 시절에 감명 깊게 읽은 동화책을 다시 한 번 읽고 자녀에게 어린 시절의 감상과 오늘의 감상을 비교하며 이야기한다. 이런 부모를 둔 아이가 최고의 독서 환경을 가진 아이다.

책 읽는 모습은 마법을 부린다. 옆에서 누군가가 책을 읽으면 나도 따라 읽고 싶어진다. 그래서 전 세계 도서관과 서점들은 책 읽는 사람의 사진을 걸어 놓는다. 영국 런던을 여행할 때 들른 어느 서점에는 강아지와 고양이가 책 읽는 사진이 걸려 있었다. 나는 여행할 때마다 그 나라의 책 읽는 인형을 구해 와서 서재를 장식한다.

한국독서교육개발원KREDI에서 전국의 연구 파트너 엄마들에게 이메일로 "하루 중 책 읽는 시간은 언제인가요?"라는 질문을 보냈다.

이 질문에 대한 답변은 '아이가 잠들었을 때' 혹은 '아이가 학교에 갔을 때'가 93%였다. 그러니까 우리나라 엄마들은 아이가 없을 때 책을 읽고 있었다. 한국독서교육개발원은 엄마들에게 다시 메일을 보냈다.

"이제부터는 아이가 있을 때 책을 읽으세요. 책 읽는 엄마의 모습이 가장 좋은 독서 환경입니다."

아이의 독서이력서를 검토한다

　　제아무리 좋은 약이라도 모든 사람에게 필요하지는 않다. 사람마다 증세에 따라 필요한 약이 따로 있다. 책도 마찬가지다. 읽는 대상에게 맞아야 유익하다. 독서 습관이 있는 아이인지 아닌지, 만화만 읽는 아이인지 아닌지, 편독을 하는 아이인지 아닌지에 따라 읽으면 좋은 책이 따로 있다.

　또한 얼렁뚱땅 읽거나 대충대충 읽는 아이에게 읽힐 책과 생각하며 정독하는 아이에게 읽힐 책이 따로 있으며, 슬픈 아이에게 읽힐 책과 행복한 아이에게 읽힐 책이 따로 있다.

　책 좋아하는 자녀로 만들기 위해서 부모가 가장 먼저 해야 할 일은 자녀의 독서이력서를 검토하는 일이다. 아이에게 약을 먹이기 전에 병원부터 가서 정확한 진찰을 받아야 하는 것과 비슷하다. 자녀를 책 읽기 좋아하는 아이로 기르려면 아이가 읽어 온 책의 양과 종류, 그리고 읽기 스타일을 알아야 한다.

이력서가 한 사람이 살아온 길을 보여 주듯이 독서이력서는 그 사람이 읽은 책의 목록과 읽기 방법을 한눈에 보여 준다. 독서이력서에는 아이의 생각이 담겨 있고, 가치관이 있고, 꿈이 담겨 있다는 점에서 정신의 내용이자 지도라고 할 수 있다. 따라서 독서 교육을 시작하려는 부모나 교사는 먼저 아이의 독서이력을 알아보아야 한다.

독서이력서 작성 방법

- 자녀에게 종이를 주고 이제까지 읽은 책의 제목을 다 쓰도록 한다.
- 그 옆에 주인공의 이름을 적게 한다.
- 그 옆에 책의 내용을 간단하게 요약하여 적게 한다.
- 독서이력서는 한가하고 편안한 시간에 써야 한다.
- 자녀 혼자서 작성하게 한다. 부모나 형제 등 누군가 옆에서 참견하면 정확한 결과를 얻을 수 없다.

독서이력서 해석하기

- 자녀가 적은 책의 개수를 세어 본다. 그곳에 적힌 책이 자녀가 기억하는 책들이다.

읽었지만 책 제목을 쓰지 못했다면 얼렁뚱땅 읽어서 두뇌 속으로 들어가지 못하고 흘러가 버린 책이다. 즉 눈으로만 읽고 두뇌에는 남지 않은 책이다. 부모가 양적 독서를 권장했을 때 생기는 현상이다.

- 어떤 종류의 책이 가장 많은지 알아본다. 위인전, 세계명작, 전래문학, 역사물, 순수문학, 명랑소설, 마법 판타지, 하이틴 로맨스, 폭력물…. 이 중 가장 많은 비중을 차지하는 책이 자녀의 정신과 가치관을 지배하고 있다.

- 책 제목은 썼는데 주인공이나 내용을 쓰지 못한 책은 몇 권인지 세어 본다. 책 제목과 주인공 이름, 내용의 비율이 1:1:1이라면 매우 꼼꼼하게 읽고, 재미있게 읽고, 생각하며 읽는 바람직한 독자다. 그러나 책 제목과 주인공 이름, 내용의 비율이 3:2:1 식의 비율이라면 대충대충 건너뛰며 읽는 스타일이다. 이런 책 읽기 습관이 계속되면 교과서도 대충대충, 시험지도 대충대충 읽게 되어 심각한 학습 장애가 발생할 수 있다.

책을 소리 내어 읽어 주면 책과 친밀감이 높아진다

> 그래 그래 너희 집엔 보석 상자와 금궤
> 그래 그래 너희 집엔 대리석 층계와 아름다운 정원
> 그러나 그러나 우리 집에는 책 읽어 주는 엄마가 있단다.

동서양을 막론하고 아이들은 책 읽어 주는 엄마를 좋아한다. 바쁜 부모가 내용의 일부를 빼놓고 대충 읽어 줄 때 아이는 빠진 내용을 지적하며 뿌듯해하기도 한다. 아이들이 즐기는 것은 내용이 아니라 부모의 마음이다. 어른이 된 후에도 책 읽어 주는 부모가 있던 자신의 유년 시절을 떠올리면서 가슴이 찡해지는 행복감을 느낀다.

책 읽어 주기의 또 하나의 장점은 독서 습관을 길러 주는 것이다.

어린 시절에 부모가 책 읽어 주는 소리를 들으며 잠들던 아기는, 좋은 기억은 강화되고 나쁜 기억은 약화되는 습관 형성의 법칙에 따라 자연히 책 좋아하는 아이로 자라게 된다. 그리고 점점 자라면서 스스로 책을 손에 들게 된다.

또 어렵고 복잡한 내용의 책이라면 누군가가 읽어서 들려주는 것이 어린이 혼자 읽는 것보다 이해가 잘된다. 일반적으로 초등학교 4학년이 되면 읽어 주는 것보다는 스스로 읽을 때 더 잘 이해할 수 있다.

특히 책 읽기를 싫어하는 아이들이나 독서 능력이 낮아 책 읽기를 고통스러워하는 아이들에게 책을 읽어 주는 것은 매우 효과적이다. 아이 수준보다 약간 높은 내용의 책을 큰 소리로 천천히 읽어 주면 아이들은 가만히 듣다가 고개를 갸웃거리며 질문한다. 책을 읽어 주면서 묻고 대답하는 이런 과정은 훌륭한 독서 지도 시간이다. 이야기를 읽어 주는 동안 아이는 머릿속에 있는 낱말 창고 속에다 하나씩 둘씩 새로운 낱말을 쌓아 간다.

아이의 독서 수준이 차차 높아지면 어느 날 갑자기 아이가 부모에게 책을 읽어 주는 일이 발생한다. 이렇게 서로 책 읽어 주는 것이 습관이 되면 독서 지도 효과 이외에도 두 사람의 마음과 마음이 결합되는 아름다운 현상이 일어난다.

아이가 글을 읽을 줄 안다고 해서 읽어 주기를 끝낼 필요는 없다.

몸이 아파 누워 있을 때, 밤에 잠이 안 온다고 호소할 때 아이에게 책을 읽어 주면 아이는 자신이 소중한 사람이라는 것을 확인하고 행복감을 느낀다. 이렇게 책을 읽어 주던 부모의 모습은 추억의 창고 속에 차곡차곡 쌓여 먼 훗날 괴롭고 힘든 순간을 이겨 내는 힘이 된다. 그리고 어느새 자신도 아이에게 책 읽어 주는 부모가 되어 있음을 발견하게 될 것이다.

잠들기 전에 책을 읽어 주면 아이의 심신이 안정되어 숙면을 취할 수 있다. 미국 하버드대학 독서심리학연구회에서 책을 읽을 때 심장박동의 속도, 근육 활동, 피부 전위량과 호흡 속도를 측정한 결과 책 읽어 주기가 끝난 뒤 어린이의 각성 수준이 현저하게 감소하는 것을 발견했다. 따라서 잠들기 전에 듣는 '베드타임 스토리'는 강력한 휴식을 유도하는 안정제가 된다고 주장한다.

이러한 연구 결과에 따라 베드타임 스토리는 귀신이나 도깨비 이야기보다 행복하고 아름다운 이야기를 선택하는 것이 좋다. 그런데 베드타임 스토리를 고르다 보면 어려움이 생긴다. 작품이 그리 많지도 않고 대부분의 전래동화는 아름다운 것보다는 무서운 것이 더 많기 때문이다. 이럴 때는 동요나 동시를 읽어 주는 것도 좋은 방법이다. 동요나 동시는 아름다운 이미지를 떠올리게 하므로 아이들에게 행복한 시간을 제공한다.

아이가 잠들면 읽어 주던 책을 덮고 바로 자리를 뜨는 부모들이 있다. 그러나 15분 정도 더 책 읽기를 지속하는 게 좋다. 잠든 아이에게까지 그럴 필요가 있느냐며 의아해할 수도 있다. 하지만 두뇌학자들은 잠든 뒤 15분 동안은 잠재의식이 가장 활발하게 활동하는 시간이라고 말한다. 아이의 잠재의식 속에 중요한 메시지를 심어 주고 싶다면 이 시간을 이용하는 것이 효과적이다.

예를 들어 동생과 사이좋게 지내게 하고 싶을 때는 잠자기 전에 '의좋은 형제' 같은 동화를 읽어 주면 좋다. 그 내용이 잠재의식 속에 '형제는 의가 좋아야 한다'는 생각으로 자리매김하게 된다는 것이다. 아이들이 잠든 머리맡에서 부부 싸움이나 남의 험담을 늘어놓는 일은 금물이다. 아름다운 이야기를 나누고 시를 읽어 주는 부모가 가장 현명한 부모다.

책 읽어 주기는 학교생활에 보다 잘 적응시키기 위한 준비 과정이기도 하다. 어린이가 유치원이나 학교에 입학하면 조용히 앉아서 교사의 설명을 들어야 한다. 집에서 책 읽어 주는 소리를 들으며 듣기 훈련을 한 어린이는 교사의 말도 집중하여 경청할 수 있다. 더불어 다른 사람의 이야기를 귀담아듣는 사람으로 자란다.

서점 나들이가 아이의 독서욕을 자극한다

　　　　　　　　　　　　자녀의 손을 잡고 백화점 문을 나서는 부모들을 인터뷰한 적이 있다. 몇 가지 질문을 하면서 살펴본 그들의 표정은 밝지 않았다. 장난감 선물을 들고 있는 아이도 마찬가지였다. 처음에는 의아했지만 곰곰 생각해 보니 그것은 당연한 일이었다. 가지고 싶은 물건이 산더미같이 쌓여 있는 보물선 같은 백화점에서 그들이 가질 수 있었던 것은 아주 조금뿐이었을 테니까.

　백화점은 인간의 소유욕을 부풀렸다가 순식간에 찌부러뜨린다. 아무리 돈이 많은 사람이라도 그 속에 들어가 마음껏 물건을 사지는 못한다. 하나를 사면 또 하나를 사고 싶고, 하나를 고르고 나면 더 마음에 드는 것이 눈에 띄고, 갈수록 괴로운 곳이 백화점이다. 그래서 백화점에 다녀온 다음 날 오히려 더 우울해지는 주부들이 많다고 한다.

　다음으로 아이 손을 잡고 서점 문을 나서는 부모를 인터뷰했다. 몇 가지 질문을 하면서 살펴본 그들의 표정은 매우 밝았다. 손에 책을 들고 있는 아이들의 눈빛은 꿈과 희망으로 가득 차 있었다. 서점에서 책을 사는 데 쓴 돈을 아까워하는 부모도, 더 비싼 책을 사지 못해 골이 난 아이도 없었다. 이것이 백화점과 서점의 차이다.

　아이들은 서점이나 도서관에 있는 수많은 책을 보며 자신이 우물 안 개구리라는 사실을 깨닫는다. 자신이 읽지 못한 책이 엄청나게 많다는 사실은 어린 독자의 독서욕을 자극한다. 또한 '이 책들은 어떤 사람들이 지었을까?' 하는 궁금증을 갖는다. 그러고서 자신도 그들처럼 훌륭한 사람이 되겠다는 다짐을 품게 된다. 이러한 꿈은 아이들이 책과 가까워지는 데 중요한 역할을 한다.

　서점에는 베스트셀러Best-seller 코너와 스테디셀러Steady-seller 코너가 따로 있다. 베스트셀러는 말 그대로 많이 팔리는 책이고, 스테디셀러는 꾸준히 팔리는 책이다. 책을 고를 때 베스트셀러 위주로 고르는 것은 좋지 않다. 베스트셀러는 신간인 경우가 많은데, 신간은 시간의 검증을 거치지 않은 책인 까닭이다. 물론 그중에도 좋은 책은 있겠지만 광고 등의 매체 효과로 단기간에 판매가 증가한 책이 대부분이다.

　베스트셀러보다는 꾸준히 많이 읽히는 스테디셀러가 안심하고 읽을 수 있는 책이다. 스테디셀러 중에는 고전으로 자리 잡을 만한 책들이 많다. 내가 조사한 바에 따르면 한국의 어린이 도서 베스트셀러 중에는 좋은 책과 나쁜 책의 비율이 5:5 정도로 섞여 있다. 이 베스트셀러 중에 가장 자주 등장하는 책은 공포물, 코믹물, 마법 판타지, 하이틴 로맨스다.

스테디셀러 코너에서 좋은 책을 고를 때에는 시간의 벽을 넘어 오랫동안 존재해 온 영원성을 가진 책인가, 공간의 벽을 넘어 세계적으로 고루 읽히는 책인가, 인종·종교·사상·지역 등의 편견이 담기지 않은 책인가, 그림이 저속하고 자극적이지는 않은가, 어휘가 정확하고 문장이 아름다운 책인가 등을 따져 보아야 한다.

아이를 데리고 서점에 갈 때에는 처음부터 대형 서점으로 가기보다는 동네의 아담한 서점이나 어린이 서점으로 가는 게 좋다. 안면이 있는 사람이 서점 주인이라면 더욱 좋다. 아이에게 인사도 하고 미소도 지어 줄 테니까. 단 너무 초라하거나 지저분한 곳은 피하는 것이 좋다. 아이에게 책에 대한 나쁜 이미지를 심어 준다면 책과 친밀감을 만들어 주려는 계획이 물거품이 된다.

초등학생이 되면 좀 더 큰 서점을 방문하고, 학년이 올라가면서 점점 큰 서점으로 가는 것이 좋다. 대형 서점은 초등학교 고학년쯤에 가는 것이 적절하다. 이렇게 서점을 드나드는 아이들은 책 고르는 안목이 높아져서 불량 서적에 빠지는 일이 없다.

아이의 독서 능력을 확인한다

　　　　　　　　　책을 좋아하는 마음을 가지는 데서 그치면 안 된다. 책을 소화할 능력도 키워야 한다. 가끔 "우리 아이는 책을 싫어해" 혹은 "우리 아이는 공부를 싫어해"라고 말하는 엄마가 있다. 하지만 그건 정확한 표현이 아니다. 하기 싫어서가 아니라 할 수 없어서 못하는 것이다.

　한국독서교육개발원의 독서능력진단 프로그램을 개발하는 과정에서 만난 수천 명의 어린이 중에 원래부터 책을 싫어하는 아이는 없었다. 부모님 속을 썩이려고 일부러 책을 안 읽는 아이도 없었다. 일부러 공부를 못하려고 작정한 아이도 만나지 못했다. 다만 책을 읽을 수가 없기 때문에 못 읽는 것이고, 그러다 보니 학습 능력이 빈약하여 성적이 낮은 학생이 되었을 뿐이었다.

독서 능력은 유치원과 초등학교 시절에 완성된다. 이때 완성된 독서 능력이 앞으로 중·고등학교의 학습 이해도를 좌우한다. 따라서 이 시기에 반드시 아이에게 충분한 독서 능력을 길러 주는 것이 중요하다.

아이의 독서 능력을 아는 부모와 모르는 부모의 독서 지도는 다르다. 자녀의 독서 능력을 모른 채 하는 독서 지도는 처방전 없이 약을 먹이는 것과 같다. 다음은 한국독서교육개발원이 실시한 전국 초등학교 독서능력진단 결과에 나타난 3학년 평균 그래프다.

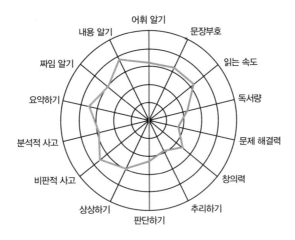

이 그래프를 보면, 우리나라 초등학생들은 좌뇌가 담당하는 '내용 알기', '요약하기'와 같은 독해 능력은 우수한 편이다. 하지만 우뇌가 담당하는 상상, 추리, 판단, 창의력, 문제 해결과 같은 능력은 매

우 낮은 것으로 나타난다. 이는 책을 읽을 때 책에 쓰여 있는 내용만 읽는 소극적인 독서만 하고, 생각하며 읽기를 하지 않기 때문이다.

독서는 내용만 안다고 완성되는 것은 아니다. 오히려 내용은 자료일 뿐 그 자료를 보며 나의 생각탱크를 가동시켜 새로운 생각이나 지혜를 창조해 낼 때 완성되는 두뇌 활동이다. 그러므로 부모는 아이의 독서 능력이 골고루 발달할 수 있도록 도와야 한다.

독서능력진단 그래프 읽는 법

- **어휘 알기** : 사용 가능한 어휘의 양과 질이 인간의 사고 체계를 결정한다. 독해력의 열쇠다.
- **문장부호** : 시작과 마침, 쉼과 계속, 느낌과 감정을 전달해 주는 문장부호 알기는 내용 이해에 필수 요건이다.
- **읽는 속도** : 내용을 충분히 이해하면서 읽는 속도를 의미하며, 빨리 읽는 경우 내용 이해 능력이 떨어진다.
- **독서량** : 한 사람의 가치관과 정신세계를 결정짓는 것은 어린 시절에 읽은 책의 종류와 양이 결정한다.
- **내용 알기** : 스토리를 순서에 맞게 나열할 수 있는 능력. 긴 글을 쉽게 이해할 수 있게 돕는다.
- **요약하기** : 긴 글을 짧게 응축하는 능력. 개인적인 생각은 들어가지 않는다.

- **짜임 알기** : 짜임에 근거하여 글을 이해하는 능력. 복잡한 글의 핵심 파악에 도움이 된다.
- **추리하기** : 작은 단서로 숨은 의미를 찾아내는 능력. 하나를 배우면 열을 알게 된다.
- **판단하기** : 사물의 가치를 평가하는 능력. 분석, 논리, 추리적 사고의 기반 위에서 형성된다.
- **상상하기** : 문자를 그림으로 시각화하여 이해하는 능력. 독서의 즐거움을 배가시킨다.
- **비판적 사고** : 사물에 대한 자아의 반응. 이 능력이 낮으면 옳지 못한 꾀임에 빠지기 쉽다.
- **분석적 사고** : 부분으로 나누어서 전체를 보는 능력. 사물을 객관적으로 이해하는 데 도움이 된다.
- **문제 해결력** : 모든 교육이 지향하는 목표. 성공한 사람들이 공통적으로 가지고 있는 자기 삶을 경영하는 능력이다.
- **창의력** : 독특하고 유용하며 다양한 사고를 창출하는 능력. 문제를 해결하는 열쇠가 된다.

가족 독서 시간을 갖는다

좋은 독서 환경을 가진 아이는 '책 읽는 부모의 모습'을 자주 볼 수 있는 아이다. 이런 행운아에게 또 하나의 행운을 더한다면 부모가 함께 책을 읽는 '가족 독서 시간'이다. 이런 이중의 행운을 가진 아이들 중에 영재, 천재라는 이름으로 불리는 아이들이 많다.

가족끼리 같이 밥 먹을 시간도 없는 시대에 함께 모여 책 읽는 시간을 갖는다는 것은 쉬운 일이 아니다. 그러나 책 읽기 좋아하는 아이로 기르려는 부모라면 이만한 수고는 기쁘게 실천해야 한다.

가족 독서를 처음 시작할 때에는 30분 정도가 적당하다. 다음번부터는 시간을 점점 늘려 1시간 이상 읽는 것이 좋다. 처음에는 각자 좋아하는 책을 읽다가 나중에는 자녀와 부모가 같은 책 읽기를 하는 것도 의미 있다. 같은 책이라도 어른과 어린이는 경험과 가치관, 사고력의 차이로 감상 내용이 다를 수밖에 없다. 이러한 세대의 차이 때문에 생기는 이견을 주고받는 것은 자녀 사고력 발달에 좋은 영양제가 된다.

가족 독서 시간이 정착되면 일주일에 한 번 정도 온 가족이 모여 앉아 식탁 토론회를 열어 보자. 식탁 토론회는 다음과 같이 다양한 방법으로 전개할 수 있다.

첫째, 가족 각자가 다른 책을 읽고서 자신이 읽은 책의 내용과 감상을 발표한다. 이때 아이는 부모 앞에서 더 많은 책을 발표하고 싶어서 더 열심히 책을 읽게 된다.

둘째, 부모와 자녀가 같은 책을 읽고 주인공의 행동이나 대화에 대하여 각자의 의견을 말한다. 어른이 보기에 정당한 행동도 어린이가 보기에는 부당할 수 있고, 그 반대의 경우도 있을 수 있다.

대문호 빅토르 위고의 소설 《레 미제라블》을 예로 들어 보자. 작품에서 장 발장은 감옥에서 출소 후 갈 곳 없는 자신을 하룻밤 재워준 미리엘 신부의 은촛대를 훔쳐 달아난다. 장 발장은 결국 경찰에 다시 잡히는데, 이때 미리엘 신부는 장 발장이 은촛대를 훔친 것이 아니라 자신이 선물로 준 것이라고 말한다.

아이들은 위 대목을 이해하지 못할 수 있다. 거짓말을 한 미리엘 신부가 옳지 않다고 여길 수 있는 것이다. 진실을 숨긴 신부에 대한 어른과 아이의 토론은 가치 있는 교육이 된다. 이 토론은 '선의의 거짓말'과 '악의의 거짓말'의 차이, 가치, 필요성으로 번지면서 아이들에게 성찰의 시간을 제공한다.

이러한 토론회는 두 세대 간의 견해차를 좁힐 수 있다는 장점도 있다. 어른의 견해를 들으면 아이는 어른의 세계를 이해하게 되고, 또 자신의 생각을 발표하면서 자신의 편견을 수정할 수도 있다.

무엇보다 이 시간은 아이와 부모에게 행복감을 선사해 준다는 점에서 가치 있다. 아이들은 엄마, 아빠가 자신이 읽는 동화책을 읽는 모습을 보면 기분이 좋아진다. 부모는 오랜만에 어린 시절에 읽던 동화책을 다시 읽으며 마음에 쌓인 때가 씻겨 나가는 듯한 행복을 느낀다.

언젠가 TV 드라마에서 어떤 어머니가 아이들이 흩어 놓은 책을 치우며 "아이고 이놈의 책, 웬수 같은 책!"이라고 하면서 푸념하는 장면을 본 적 있다. 실제 이런 가정환경이라면 아이의 독서 교육에 몹시 해롭다. 책은 유익하며 우리의 좋은 친구라는 분위기를 조성하는 것이 좋은 독서 환경을 위한 길이다.

만화 중독증을
치료한다

　　　　　　　　요즘 아이들은 책보다 만화를 많
이 본다. 그리고 만화를 많이 보는 아이들은 대체로 긴 글을 싫어한
다. 만화는 지금 우리나라 독서계의 판도를 바꾸어 가고 있다.

　　한국독서교육개발원에서 실시한 전국 초등학교 독서능력진단 결
과를 보면 남자 어린이의 어휘력이 여자 어린이의 어휘력보다 낮
고, 여자 어린이가 남자 어린이보다 책을 많이 읽는 것으로 나타난
다. 또 독서량을 보면 초등학교 1~2학년이 독서를 가장 많이 하고,
5~6학년이 되면 독서량이 현저히 줄어든다. 즉 학년이 높아질수록
독서량이 줄고 어휘력 향상 속도도 떨어진다.

　　어휘력이 낮아서 독서량이 줄어든 것인지, 독서량이 적어지면서
어휘력이 낮아진 것인지에 대한 상관관계는 아직 연구되지 않았다.

하지만 다양한 연구 결과를 바탕으로 볼 때, 어휘력 빈곤이 활자로 이루어진 책을 보는 데 장애를 일으키고 그 결과 아이들이 독서를 기피하고 있음을 추측할 수 있다.

독서심리학 연구 결과들도 책 읽기를 싫어하는 어린이의 85%가 어휘력 부족 상태라고 보고하고 있다. 이러한 결과들을 종합하면 어휘력이 부족한 아이들이 독서 자료 중에서 시각적인 지원이 많은 책을 선택하는 경우가 많다는 사실을 쉽게 유추할 수 있다.

반대로 만화를 읽지 않는 아이들은 '만화는 생각할 것이 없어서 심심하다'는 반응을 보였다. 다시 말해서 독자가 상상하고 추리할 내용을 모두 그림으로 보여 주기 때문에 독자의 몫이 줄어 재미없다는 것이다.

예를 들어 책에 '링컨은 언제나 복숭아뼈가 쑥 나오는 바지를 입고 다녔다'라는 표현이 나오면 어린 독자들은 문장을 읽으며 머릿속으로 그 모습을 상상한다. 책을 읽는 아이는 '복숭아뼈가 쑥 나온 바지'에 대한 추리로 '키가 크고 말랐으며, 가난하고 성격이 털털한 아이'를 상상할 수 있다. 그리고 어떤 아이는 '짧은 바지를 좋아하는 아이' 혹은 '멋쟁이'를 상상할 수도 있다. 그러나 만화책을 보는 독자라면 이렇게 상상할 필요가 없다. 복숭아뼈가 쑥 나오는 바지를 입은 주인공의 모습을 그림으로 볼 수 있으니까 말이다.

어휘력이 풍부한 독자는 만화가의 그림에 불만을 가질 수 있다.

'진짜 링컨은 저렇게 밝은 모습이 아닐 거야. 더 어두운 표정에 훨씬 말랐을 거야…' 이렇게 상상할 수 있는 독자라면 자신의 생각과 다른 그림 때문에 만화가 시시해지기도 한다. 하지만 만화가가 표현한 대로 따라가는 아이들은 스스로 생각할 기회를 잃게 되고 머지않아 상상력에 치명타를 입게 된다.

책을 읽지 않는 아이나 만화중독증 아이들을 책으로 데려오기 위한 작전에는 다음과 같은 방법이 있다.

첫째, 그림책을 권한다. 그림책은 문자 책으로 가는 징검다리가 된다. 그림책은 상상력과 추리력을 길러 주어 호기심이 많아지게 하는데, 이 호기심이 책을 읽는 데 도움을 준다.

둘째, 만화책이 아니면 아예 읽지 않는 아이라면 당분간 만화책을 보여 준다. 다만 전략적으로 글자가 많은 것을 골라 준다. 일반적으로 폭력만화는 글자가 적고 학습만화는 글자가 많다.

독서 계획을 달성하면
독서 파티를 연다

조선시대 부모들은 자녀가 서당에서 천자문을 떼는 날이면 '책거리 잔치'를 열어 주었다. 떡을 해서 시루째 서당으로 가져가면 훈장님과 아이들이 떡을 먹으며 책을 뗀 아이를 축하해 주는 행사다. 이 관습을 현대의 독서 교육에 접목시킨 것이 '독서 파티'다.

1월이나 학기 초가 되면 아이들은 나름대로 계획을 세운다. 학습 계획은 물론이고 독서 계획도 세운다. 독서 계획을 세울 때는 다음과 같은 과정을 따르는 것이 좋다.

첫째, 독서 계획을 세우기 전에 우선 독서이력서를 쓰게 하고 아이와 함께 그동안 읽은 책을 점검한다.

둘째, 읽을 책을 선정할 때에는 아이와 함께 한다. 세상에는 정말 많은 책이 있다. 수많은 책 중에서 어떤 책을 읽을 것인지 정하는 일은 쉬운 일이 아니다. 독서이력서를 보며 많이 읽은 분야의 책은 줄이고, 덜 읽은 분야의 책을 고른다.

셋째, 읽을 책을 날짜별로 배정한다. 며칠 동안 한 권을 읽을 것인지도 아이와 상의하여 정하는 것이 좋다. 너무 많은 책을 계획표에 넣으면 실패할 확률이 높아진다. 계획표는 예쁘고 정성스레 만들어 책상 앞에 붙여 놓고 완독할 때마다 부모가 예쁜 꽃을 붙여 준다.

자녀가 독서 계획표에 따라 1년이나 한 학기의 목표를 달성했을 때에는 친구들을 불러 독서 파티를 열어 준다. 음식점에서 파티를 하는 것보다는 집에서 하는 것이 좋고, 먹고 놀기만 하는 파티보다는 책 선물하기, 읽은 책 감상 말하기, 독서 퀴즈 등의 프로그램을 준비하는 것이 좋다. 프로그램을 준비할 때에도 아이와 부모가 함께 협력해서 만드는 것이 좋다. 아이들도 먹고 노는 파티보다 이런 프로그램이 있는 파티를 더 재미있는 추억으로 기억한다.

한 아이가 독서 파티를 하면 친구들 사이에 유행이 된다. 친구끼리 혹은 반 아이들끼리 앞다투어 독서 파티를 열며 자연스럽게 책 읽기 열풍이 일어날 수도 있다.

'책 부자' 아이가
책을 좋아한다

'엄마의 된장찌개'란 말이 있다. 일류 음식점에 가서도 엄마의 음식 솜씨를 그리워하는 사람들이 자주 쓰는 말이다. 이는 어렸을 때 즐겨 먹던 음식을 계속 찾는 인간의 속성이 드러나는 표현이다. 또, '학자 집에서 학자 난다'는 옛말이 있다. 이는 부모가 공부하는 것을 보고 자란 아이들이 공부를 잘하더란 경험적 통계에서 나온 말이다.

독서도 마찬가지다. 어렸을 때 책이 많은 집에서 자란 아이는 책과 친밀도가 높아서 항상 책을 찾게 된다. 볼 책이 없으면 지갑에 돈이 없는 것처럼 허전하다는 사람도 보았다. 문화체육관광부와 한국출판연구소가 공동 연구하여 2년마다 출간하는 〈국민독서실태조사〉에도 독서량이 많은 사람은 평균 이상의 책을 보유한 사람들이었다.

책을 좋아하는 아이들에게는 부모의 직업·경제력·사회적 지위·학력의 차이에도 불구하고 세계적으로 한 가지 공통점이 있다. 집에 책이 많다는 사실이다.

한국독서교육개발원 조사에 따르면 부모가 교육열이 높아 사교육비를 많이 투자한다 해도 집에 책이 많지 않은 가정의 아이들은 책을 좋아하지 않았다. 다시 말하면, 책을 좋아하는 아이들은 '가정에 책이 많고, 자신의 책이 많은 아이들'이었다. 집에 부모의 책은 많지만, 자신의 책이 없는 아이들은 책을 좋아하지 않았다. 오히려 책을 두려움의 대상으로 생각하는 아이들도 있었다.

책이 자신의 소유인지 빌려 온 책인지에 따라 책에 대한 호감도가 달라진다. 내 책과 남의 책은 넘길 때 손끝에 닿는 촉감이 다르다. 빌린 책은 깨끗하게 보아야 한다는 강박관념 탓에 책장을 넘기는 손길이 마치 빌린 옷을 입었을 때처럼 어색하다. 이런 태도는 책에 대한 친밀도를 떨어뜨린다.

또한 빌린 책을 읽을 때는 내용에 대한 이해도가 떨어진다. 이는 책이 더러워질까 봐 조심하는 과정에서 두뇌가 경직되기 때문이다. 우리가 책을 읽다 보면 중요한 부분에 표시를 하거나 밑줄을 치게 되는데, 빌린 책에는 이런 활동을 할 수 없다. 그렇기에 빌린 책을 읽을 때에는 이해도가 떨어지고 기억에도 장애를 일으킨다.

누구도 세상의 모든 책을 소유할 수는 없다. 그러나 어린 자녀를 책 좋아하는 사람으로 기르려는 부모라면 아이를 '책 부자'로 살게 해 주는 것이 좋다.

자녀를 책 부자로 만드는 방법에도 등급이 있다. 첫째, 자신이 고른 책이 많은 아이가 진짜 책 부자다. 내가 고른 책은 남이 골라 준 책보다 더 애착이 가는 법이다. 둘째, 선물로 받은 책이 많은 아이가 그다음 책 부자다. 좋아하는 사람이 선물해 준 책은 특별한 사연과 추억이 담겨 있어서 책에 대한 친밀도를 높여 준다.

이렇게 책이 준비되면 아이의 전용 책꽂이를 마련해 준다. 자신만의 책꽂이에 즐비하게 꽂혀 있는 책을 바라볼 때 아이는 흐뭇함을 느낀다. 그런 아이는 책에 대한 친밀도를 가지고 독서하는 어른으로 성장할 것이다.

거실 한 귀퉁이에
가정 도서관을 만든다

우리 집에는 책이 몇 권이나 있을까? 주로 어떤 책들이 있을까? 아이, 엄마, 아빠, 할머니, 할아버지의 책을 한자리에 모아 놓으면 작은 도서관이 된다. 공간이 없어도 괜찮다. 거실 한 귀퉁이에 책꽂이를 놓고 꽂거나, 베란다 바닥에 비닐 장판을 깔고 책장과 의자를 들여 놓아도 도서관이 된다.

가족의 책을 모두 모아 놓으면 가족 개개인의 독서 취향을 알 수 있다. 누가 어떤 책을 얼마나 읽었는지 환히 보인다. 각자의 취향에 따라 누군가는 부끄러울 수도 있고, 자랑스러울 수도 있다. 이것이 그대로 아이에게 살아 있는 교육이 된다.

아이는 읽은 책의 양과 종류에 따라 삶의 방향이 결정되며, 독서량과 정신적 재산은 서로 비례한다는 것을 알게 된다. 이러한 깨달

음은 아이에게 무언의 영향을 준다. 아이 스스로 책을 많이 읽어야겠다는 욕망을 불러일으킨다.

가족의 책을 모아 놓고 '수선화 문고', '반딧불이 도서관' 등 그럴듯한 간판을 거는 것도 좋다. 이때 온 가족이 함께 작업에 참여하는 것이 더욱 바람직하다. 이렇게 집에 작은 도서관을 만들어 놓고 이웃이나 친구들을 초대하면, 다른 집 아이도 엄마를 졸라 얼마 후에는 그 집 역시 도서관을 만들 가능성이 높다. 집집마다 도서관이 생기다 보면 마을, 도시의 가정 도서관 운동으로 발전하게 될 것이다.

3장

공부머리를 완성하는
독서 전략 2단계

책 읽기가 즐거운
독서 습관 들이기

만만한 책으로
시작하라

만만한 책이란 쉬운 책이다. 아무리 알찬 내용이 담겨 있어도 어려운 말로 복잡하게 기술해 놓는다면 그 책은 어려운 책이다.

우리가 책을 읽을 때 재미를 느끼며 계속 읽어 나가는 것은 '언어적 추측 게임'이라는 두뇌 활동 때문이다. 언어적 추측 게임이란 눈은 바로 앞의 단어를 읽지만 두뇌는 다음 장면을 상상하는 자발적인 추측 활동이다. 그런데 어려운 단어들이 많이 나오는 책에서는 언어적 추측 게임이 일어나지 않는다. 추측은 의미를 아는 어휘들 사이에서 일어나기 때문에 모르는 어휘에서는 추측 게임이 불가능하다.

반대로 어휘가 너무 쉬워서 언어적 추측이 100% 일치한다면 독자는 계속 읽어 나갈 흥미를 잃게 된다. 중학생이 초등학교 1학년 교과서를 읽을 때의 싱거움과 같다.

언어적 추측 게임이 가장 활발하게 일어날 때는 읽는 글에서 아는 어휘가 75% 정도를 차지할 때다. 언어적 추측 게임은 책 읽기 과정에서 재미를 폭발시켜 독자가 책을 계속 읽어 나갈 수 있는 추진력을 제공한다. 만만한 책이 주는 가장 큰 장점이다.

 **만만한 책의 특징**

1 책장을 한 장 펴서 모르는 어휘를 세어 본다. 모르는 어휘 수가 전체의 30%를 넘으면 그 책은 어휘력이 향상될 때까지 책꽂이에 꽂아 두는 것이 좋다.

2 한자漢字식 어휘가 많은 책, 외래어가 많은 책은 대부분 어렵다. 이러한 어휘는 대개 전문 용어나 학술 용어일 가능성이 높다.

3 아이가 고른 책이 너무 쉬워 보여도 실망하지 마라. 그것이 아이의 수준에 맞는 만만한 책일 가능성이 높다.

4 부모도 아이가 고른 책을 함께 읽는다. 아이가 자신감을 가지는 데 도움이 된다.

맛있는 책으로
시작하라

독서는 식사와 비슷하다. 식사에서 가장 중요한 것은 맛과 영양이다. 그런데 아무리 영양이 풍부한 음식이라도 맛이 없으면 먹기 싫다. 음식 맛이 없으면 먹는 기쁨이 없는 까닭이다. 억지로 한 번 먹는다 해도 다시는 그 음식을 찾지 않을 수 있다. 또한 맛은 좋은데 영양이 없다면 먹지 않는 편이 낫다.

아이의 독서 습관을 들이기 위한 기간이라면 영양보다는 맛을 쫓는 욕구를 존중해 주자. 간혹 학교나 단체에서 나오는 권장 도서 목록을 보면 '책을 싫어하게 만들려고 뽑은 목록이 아닌가?' 하는 의구심이 들 정도로 재미없는 책들이 포함되어 있다. 이런 책을 추천하는 것은 어리석은 짓이다. 아이의 독서 습관을 위해서는 맛있는 책을 추천해야 한다.

아이들이 고른 맛있는 책은 순식간에 반 전체로 퍼지고 학교 전체로 퍼진다. 친구가 권해 준 맛있는 책은 아이들을 책 속으로 빠져들게 하고 밤을 새워 읽게 만든다. 그래서 자연스럽게 책의 재미 속으로, 책의 가르침 속으로 빠져든다.

일단 책의 재미를 알게 되면 아이들은 책의 매력에 금세 빠져 점점 더 어려운 책을 찾는다. 이것이 맛있는 책을 먼저 권하는 이유다.

 Tip 맛있는 책의 특징

1 어렵고 딱딱한 어휘가 적다.
2 교훈이나 도덕을 강조하지 않는다.
3 표지나 삽화가 아름답다.
4 너무 크거나 두껍지 않다.
5 무언가를 가르치려 들지 않는 책, 친구처럼 이야기해 주는 문장의 책이다.
6 다 읽은 후에 성장했다는 느낌이 확 드는 책이다.

아름다운 책으로
시작하라

아름다운 표지와 품위 있는 디자인의 책을 발견하면 어린이뿐만 아니라 어른들도 마음속에 황홀한 기쁨이 피어오른다. 그 책을 사고 싶고, 자신의 책꽂이에 꽂아 두고 오래오래 간직하고 싶어진다. 아니면 사랑하는 누군가에게 선물하고 싶어진다.

아름다운 책은 이렇게 독자를 유혹한다. 그런데 시중에서 팔리고 있는 어린이 책을 살펴보면 몇 가지 문제점이 발견된다.

첫째, 아름다운 장정보다 눈에 띄는 장정을 선호한다는 점이다. 강렬한 원색과 희극적인 표정의 인물들, 눈을 자극하는 크기와 모양…. 이러한 어린이 책이 출간되는 까닭은 '아이들은 품위 있는 것보다는 유치한 것을 더 좋아한다'는 판단에서 나온 결과다. 그러나 그것은 오해다. 아이들의 시선은 원색보다 이차색에 더 오래 머문다. 아이들은 원색의 그림은 두 번 이상 보려고 하지 않지만, 이차색은 두고두고 본다는 연구 결과도 있다.

둘째, 어린이의 체격과 관계없이 책이 점차 커지는 추세다. 어린 독자 키의 절반이나 되는 커다란 책이 출판되는가 하면, 어린이가 들기에 버거울 만큼 무거운 책도 있다. 이런 책을 아이에게 준다면 아이는 책에게서 위협을 느끼고 책과 더욱 멀어지게 된다.

아름다운 책! 그것은 아이들의 손아귀에 잡히는 책이며, 아이들의 눈이 오래오래 머물고 싶도록 사랑스러운 색깔과 모양을 하고 있는 책이다. 그런 책이 아이들을 독서의 즐거움 속으로 유혹한다.

 Tip 아름다운 책의 특징

1 표지와 삽화가 아름답다.
2 책이 너무 크지 않고 아담하다.
3 삽화 속 인물의 표정이 선량하다.
4 원색보다 은은한 이차색을 더 많이 쓰고 있다.
5 글자꼴이 각지지 않고 부드럽다.
6 종이는 너무 희거나 반짝이지 않고 미색에 무광이다.

매일
읽어라

　　우수한 성적으로 국내외 대학에 줄
줄이 합격하여 많은 이들의 부러움을 사는 학생들이 있다. 그들을
뜯어보면 공통점이 하나 있다. 바로 좋은 독서 습관이다.

　실제로 세계를 이끌던 위인들의 어린 시절을 보면 한결같이 독서
습관이 좋았다. 미국 교육과학통계연구소가 낸 2017년판 보고서에
는 '미국의 리더들은 초등학교 때 세계명작을 600권 이상 읽었다'
는 통계와 함께, '감옥에 수감된 중형 범죄자 집단의 독서량은 그것
의 50분의 1 정도'라는 내용이 담겨 있다. 이렇듯 어린 시절의 독서
습관은 한 사람의 운명을 결정짓는 중요한 요소가 된다.

　내가 다니는 스포츠센터에는 '3개월은 습관, 6개월은 운명'이라
는 표어가 붙어 있다. 운동을 지속적으로 해야 효과적이라는 뜻이

다. 독서도 마찬가지다. 독서 습관을 만들려면 매일 책을 읽어야 한다. 매일 읽는 것은 매일 두뇌를 훈련하는 활동이다. 독서를 하는 동안 우리 뇌는 어휘를 이해하고 기억하며, 내용을 요약하고 핵심 내용을 파악한다. 그리고 상상하고 추리하면서 문자로 명시되어 있지 않은 이면의 뜻을 깨달으며, 창의적으로 사고한다.

또 책 속의 내용이 현실이나 자신의 생각과 다를 경우에는 그대로 받아들이지 않고 비판하면서 옳고 그름을 판단한다. 그러나 독서 습관이 들지 않은 아이들은 기억력에 의지하여 책을 읽기 때문에 문자로 명시된 내용 이외의 것까지는 미처 알지 못한다.

'자식에게 물고기를 잡아 주지 말고 물고기 잡는 법을 가르치라'는 유대인의 격언이 있다. 유대인은 어릴 때부터 독서 교육을 무엇보다 중요시한다. 유대인들은 공부하고 연구하고 사업하는 모든 일에 독서가 가장 좋은 방법이라는 것을 일찍부터 알고 있었던 것이다.

성공이란 어느 날 갑자기 찾아오는 마법이 아니다. 매일 조금씩 노력하는 사람에게만 찾아오는 선물이다. 자녀에게 성공을 선물하려면 독서 습관을 길러 주는 것이 가장 간편하면서도 확실한 방법이다.

짧은 전래동화로
시작하라

12세 이전의 아이가 집중할 수 있는 시간의 한계점은 10분이다. 10분이 넘으면 아이의 집중력이 풀리면서 두뇌가 산만해진다. 그래서 초등학교 교과서의 학습 문제는 5분 안에 해결할 수 있는 문제로 구성된다.

그렇다면 우리 아이는 10분 동안 어떤 이야기를 읽는 것이 좋을까? 한국독서교육개발원 연구에 따르면 10분 안에 결말이 나는 짧은 이야기를 읽을 때 아이의 만족감이 가장 높다. 긴 이야기를 읽다가 10분이 지나 그만 읽게 될 경우 아이들의 기쁨과 자신감, 성취감이 현격히 떨어진다.

짧은 전래동화가 어린 독자들에게 높은 성취감을 주는 원인은 무엇일까? 첫째, 오랜 세월을 거치면서 많은 사람의 입에서 입으로 전해져 오는 짧은 이야기 속에는 인간의 보편적인 생각과 마음이 압축되어 있다. 그래서 짧은 글을 읽더라도 머릿속에 주제가 선명하게 떠오른다. 강력한 주제 인식은 독자에게 자신이 이야기를 완성했다는 창작의 기쁨을 준다. 이 기쁨은 고스란히 독서의 기쁨으로 자리 잡는다.

둘째, 전래동화는 짧지만 완결된 형식을 갖추고 있다. 그래서 읽는 사람에게 10분 안에 완벽한 형태의 이야기를 만날 수 있게 해 준다. 이를 통해 아이는 책 읽기에 대한 자신감과 함께 한 편을 다 읽었다는, 끝까지 해냈다는 성취감을 느낄 수 있다. 책 읽기가 습관이 안 된 아이에게 자신감은 매우 특별한 감정이다. 기쁨과 자신감이 계속 쌓이다 보면 아이는 어느새 매일 책을 읽지 않고는 못 배기는 '맹렬 독자'가 된다.

긍정적인 책으로
시작하라

사람은 왜 책을 읽을까? 아마도 '행복을 얻기 위해서'일 것이다. 희극이든 비극이든, 독자들은 책 속에서 자신의 행복에 필요한 알맹이를 골라 갖는다. 우리를 행복하게 하는 문학에는 인간의 불안감이나 고통, 마음속의 갈등을 씻어 주고 보다 행복한 세계로 인도하는 요소가 들어 있다. 이 요소를 '상승 모티브'라고 한다.

어린이 책에도 상승 모티브가 담긴 작품이 많다. 안데르센의 동화 《미운 오리 새끼》에는 유난히 큰 알에서 태어난 미운 오리가 등장한다. 보통 오리와 다르게 생겼다는 이유로 늘 혼자였던 새끼 오리의 외로움과 마음의 상처, 배고픔 등 모든 고통에 대한 해소가 작품 후반부에서 이루어진다. 새끼 오리는 못생긴 오리가 아닌, 누구보다 우아하고 아름다운 백조였던 것이다. 이것이 바로 상승 모티브다.

어린 독자들은 작품의 결말에서 문제가 해결되는 순간 기쁨과 행복감을 경험한다. 프랑스의 라퐁텐 우화, 러시아의 이반 크릴로프 우화, 톨스토이 우화, 유대인의 탈무드 등에는 상승 모티브의 작품이 많다.

반면, 〈이솝 우화〉에는 상승 모티브가 없다. 호랑이는 천길만길 구렁텅이 속에 빠지고, 당나귀는 솜뭉치를 진 채 물속에 거꾸러지고, 게으른 암소는 도살장으로 끌려가고, 거짓말한 아이는 늑대에게 물려 죽는다. 작품 속 주인공에게는 어떠한 희망과 구원도 없다. 참회할 기회도 주어지지 않는다. 오직 철저한 절망만이 있을 뿐이다.

대부분의 〈이솝 우화〉는 문제 해결보다는 죽음과 파멸, 보복과 조소, 부정직과 속임수의 승리로 장식되어 있다. 이를 하강 모티브라 한다. 〈이솝 우화〉가 가진 이런 절망적인 결말은 독자로 하여금 삶의 어두움과 답답함을 경험하게 한다.

〈이솝 우화〉처럼 희망을 주지 않는 끝마무리는 어린이 독자의 사고를 창의적인 방향으로 확산시키지 못한다. 또한 독자에게 카타르시스를 선사하기보다는 절망과 좌절을 맛보게 한다. 하강 모티브의 책을 어린 독자들이 계속해서 읽게 되면 우울한 성격, 절망적인 미래관, 보복적 사고를 갖게 된다.

독서 습관을 들이는 초기 단계의 독서에서는 상승 모티브가 있는 희망차고 밝은 책을 읽는 것이 좋다. 행복한 동화는 어린이 독자의 기분을 상쾌하게 만든다. 상쾌한 감정은 긍정적 호르몬을 분비시켜 독서 습관 형성에 도움을 준다. 반면 슬픈 책, 불행한 책, 잔인한 책은 어린이의 두뇌에 부정적 호르몬을 분비시켜서 지속적으로 독서하고 싶은 마음을 사라지게 한다.

줄거리가 탄탄한 책으로 시작하라

　　이야기 속에는 독자에게 기쁨을 주는 요소가 들어 있다. 굽이굽이 흘러가는 이야기를 쫓아가며 독자는 추측과 확인이라는 게임을 하게 된다. 이야기가 자신이 추측한 대로 흐를 때 독자는 희열을 느낀다. 또한 이야기가 예상 밖으로 빗나갔을 때에는 실망하면서도 곧 다음 장면을 추측하며 작품에 몰입한다.

　　이러한 추측과 확인을 통하여 독자의 두뇌 속에 만들어지는 줄거리는 작가의 것이 아니라 독자의 것이다. 그래서 책 한 권을 읽었을 때 독자는 자신만의 줄거리가 완성되었다는 희열을 느낀다. 이것이 독서가 주는 강력한 기쁨이다.

　　줄거리 찾기가 주는 기쁨은 독자를 행복하게 한다. 작가가 긴 글 속에 숨겨 놓은 퍼즐 조각을 찾아 온전한 줄거리로 완성했을 때, 독자는 작가가 작품을 완성한 후에 느끼는 창조의 기쁨과 유사한 감정을 느낀다.

이 창조의 기쁨이 독서에 대한 흥미를 유발하고 또 지속시킨다. 이 기쁨은 두꺼운 책을 끝까지 읽어 나갈 수 있는 인내심의 원동력이 되고, 이 책을 다 읽은 다음 다른 책도 읽어야겠다는 의욕과 에너지가 된다. 특히 주의 집중력이 약한 어린이나 독해력이 낮은 일반 대중에게 이 기쁨은 필수 요소다.

Tip 탄탄한 줄거리를 가진 어린이 책은?

1 인과응보의 가치관이 담긴 작품.
2 고진감래의 구조를 가진 작품.
3 기승전결이 뚜렷한 작품.
4 발단, 전개, 위기, 절정, 마무리로 구성된 작품.
5 신화, 전설, 민담, 전래동화, 위인전, 우화 등의 이름표를 단 작품.

매력적인 주인공이 등장하는 책으로 시작하라

　　　　　　　작품에서 독자가 제일 먼저 만나는 것은 이야기나 주제가 아니라 인물이다. 또 가장 나중까지 기억에 남는 것도 인물이다. 작품 속에서 만난 매력적인 인물은 우리가 함께 놀고 공부했던 친구보다 더 생생하게 우리의 의식을 지배하고 인생에 영향을 끼친다.

　위대한 문학작품은 위대한 주인공의 창조를 의미한다. 위대한 작품이 가지고 있는 공통점 중 하나가 남다른 주인공이다. 독자의 머릿속에 뚜렷이 각인되는 명작 속의 인물은 나름대로 독특한 면을 가진 개성적인 인물들이다. 남다른 용모와 남다른 환경, 남다른 성격, 남다른 미래가 예측되는 주인공. 평범한 용모, 평범한 환경, 평범한 성격, 평범한 장래가 예측되는 주인공은 독자의 흥미를 끌지 못한다.

《톰 소여의 모험》의 장난꾸러기 고아 소년 톰,《빨간 머리 앤》의 긍정적이고 상상력 풍부한 빨간 머리 소녀 앤,《제닝스는 꼴찌가 아니야》의 천진난만한 개구쟁이 제닝스,《내 이름은 삐삐 롱스타킹》의 주근깨투성이 삐삐는 모두 남다른 주인공들이다. 아이들은 이런 매력적인 주인공을 만나기 위하여 책을 읽는다. 특별한 주인공을 만나는 일은 독서의 재미에 기름을 붓는다.

만약 아이를 위한 권장 도서 목록에 매력적인 주인공이 등장하지 않는 책이 있다면 선택하지 않는 편이 낫다. 아이에게 독서의 재미보다는 지루함을 주게 될 것이기 때문이다.

Tip 아이들을 유혹하는 주인공의 특징

1 평범한 환경이 아닌 특별한 환경에서 자라는 아이(왕자, 공주, 고아 등).

2 평범한 용모가 아니라 특별한 용모(예쁘거나 혹은 못생긴 주인공).

3 커다란 꿈을 가진 아이(그럭저럭 살아가는 주인공은 없음).

4 친구들에게 따돌림 받는 아이(주인공 중에는 외로운 아이가 많음).

5 도덕적인 결말을 이끄는 주인공(정직, 진실, 겸손, 용기를 지닌 인물).

궁금증을 유발하는
첫 문장이 좋다

어린이는 즐거움을 위하여 책을 읽는 독자다. 그 누구도 아이에게 재미없는 책을 읽게 할 수는 없다. 유아들은 보통 30초 정도 책에 집중할 수 있다. 초등학교 저학년은 3~5분, 고학년은 5~10분 정도 집중할 수 있다. 이런 특별한 독자를 상대로 하는 어린이 책은 '암시적인 발단'이 필요하다. 실제로 어린이들에게 꾸준히 읽히고 있는 명작의 공통점 중 하나가 암시적 발단이다. 책의 첫 부분에서 궁금증을 유발해야 아이가 끝까지 읽을 수 있다.

훌륭한 책의 발단은 보통 다음과 같은 특징이 있다. 첫째, 궁금증을 수반하는 발단이다. 툭툭 건드리기만 해도 재미있는 이야기가 튀어나올 것만 같은 발단. 스펀지처럼 많은 이야기를 흡수하고 있는 듯한 발단은 독자를 순식간에 작품 속으로 끌고 들어간다.

둘째, 흥미 있는 발단이다. 농담이나 장난스러움, 이상함, 괴상함, 혹은 무서움에서 오는 자극적이고 단순한 흥미가 아니라 경이驚異를 의미한다. 루이스 캐럴의 동화《이상한 나라의 앨리스》의 발단이 그 좋은 예다. 작품의 발단에서 조끼를 입은 토끼가 등장한다. 토끼는 조끼 주머니에서 회중시계를 꺼내 보더니 파티에 늦겠다고 중얼거리며 굴속으로 들어간다. 이야기의 첫 대목에서부터 독자를 낯설고 새로운 세계로 이끈다.

셋째, 간결한 발단이다. 어린이의 집중력은 짧다. 3분에서 5분 사이에 어린 독자를 매료해야만 한다. 그러기 위해서는 간결한 발단이 필요하다. 아무리 우수한 이야기라 할지라도 길고 긴 이야기가 이어지는 발단이나 복문으로 시작되는 발단에서는 어린 독자들이 눈을 돌리고 만다.

Tip 궁금증을 유발하는 첫 문장

1 내가 선생님들을 싫어하는 까닭은 선생님들은 언제나 자신들에게만 편리한 규칙을 만든다는 것이다.(《제닝스는 꼴찌가 아니야》의 첫 문장)
2 존 그레이어 고아원의 첫 수요일은 가장 우울한 날이다.(《키다리 아저씨》의 첫 문장)

3 먼저 말해 둘 것은 말리는 죽었다는 것이다.(《크리스마스 캐럴》의 첫 문장)

4 어터슨 변호사는 매우 근엄한 얼굴의 사나이로서 웃는 모습을 한 번도 남
에게 보인 적이 없는 사람이었다.(《지킬 박사와 하이드 씨》의 첫 문장)

5 그 여자는 내게로 비스듬히 걸어왔다.(《개선문》의 첫 문장)

독자가 생각할 몫이 많은 문장을 골라라

명작과 시시한 작품은 읽는 속도가 다르다. 우수한 명작을 읽을 때는 빨리 읽지 못한다. 왜 그럴까? 그것은 문장 속에 감추어진 의미가 깊기 때문이다. 즉 짧은 문장 속에 깊은 뜻이 들어 있어서 독자가 읽으며 할 일이 많다. 그래서 명작은 후딱후딱 읽어 치울 수가 없다.

'명작을 읽으면 골치 아프지 않을까?'라고 생각할 수 있다. 그러나 사실은 그 반대다. 글 속에 감추어진 의미가 많을수록 독자는 오히려 즐거움을 느낀다. 독서란 작가가 언어로 제시하는 상황을 따라가면서 작가가 말하지 않은 부분을 상상하고, 다음에 일어날 상황을 추측해 가는 일종의 언어적 추측 게임이다.

이때 독자는 작가가 직접 설명해 주는 문장에서는 별 감흥을 받지 못한다. 이보다 독자는 스스로 추측하고 상상할 부분이 많은 문장에서 기쁨을 얻는다. 다음 두 문장을 대하는 독자의 태도를 예로 들어 보자.

Ⓐ 링컨은 언제나 복숭아뼈가 쑥 나오는 바지를 입고 다녔다.
Ⓑ 링컨은 키가 크고 가난하며 사치하지 않고 불평을 하지 않는 성격이었다.

위의 두 문장을 비교해 보자. 문장 Ⓐ는 독자가 풀이할 몫이 있는 탄력적인 문장이다. 복숭아뼈가 드러나는 짤막한 바지를 입는다는 묘사 하나로 독자는 링컨의 외모와 가정환경, 성품 등을 나름대로 추측할 수 있다.

그러나 문장 Ⓑ는 작가가 그러한 사실을 모두 설명해 준다. 그래서 독자는 상상도 추측도 할 필요가 없다. 이 문장은 작가가 말해 주는 것 외에는 얻을 것이 없으므로 굳은 문장이다. 이러한 문장은 독자가 읽으며 생각할 거리가 없기에 따분하다.

작품의 우수성은 그 내용에만 있는 것이 아니다. 명작은 독자와의 상호 관계에서 탄생한다. 독자에게 많은 것을 상상하게 함으로써 사고력을 높여 주는 문장의 책은 독자에게 기쁨을 준다. 또한 독자로 하여금 작품이 가지고 있는 내용 이상의 가치를 찾게 한다.

책의 가치 중 절반은 독자가 만드는 것이다. 독자가 적극적으로 읽고 상상하며 참여할 수 있는 책만이 오래도록 독자의 곁에 머물 수 있다.

이야기가 듬뿍 들어 있는 그림책도 좋다

　　　　　　　　　좋은 그림에는 이야기가 들어 있다. 그림만 보아도 이야기가 술술 나오는 그림, 글씨가 없어도 이야기를 꾸밀 수 있는 그림. 이런 그림들은 글이 이야기하지 못하는 부분을 보완하며 책의 내용을 더욱 풍부하게 한다. 글의 내용을 그대로 재현한 그림이나, 아무리 들여다보아도 이야기가 숨어 있지 않은 그림은 어린이에게 환영받지 못한다. 따라서 같은 작가의 책이라도 그림 속 이야기가 풍부한 책을 고르는 것이 좋다.

　좋은 어린이 그림책은 은은하고 부드러운 색채를 하고 있다. 원색을 많이 썼다든지, 검은색이나 진한 색을 많이 쓴 그림은 어린이를 쉽게 피로하게 한다. 색채 심리학에 의하면 강렬한 원색을 많이 본 어린이는 성격이 날카롭고 참을성이 없다고 한다. 어른들도 부드럽고 차분한 색의 그림을 대하면 가슴이 따뜻해지는 느낌을 받는 것처럼 어린이도 우아한 색에서 마음의 안정을 얻는다.

또한 인물의 얼굴 표정이 살아 있는 그림책을 선택하는 것이 좋다. 그림에서 어린이들이 가장 관심을 갖는 부분이 등장인물의 얼굴 표정이다. 어린이 책에 의인화 기법이 자주 등장하는 것도 이 때문이다. 특히 희로애락의 표정은 선명하게 표현되어야 한다. 모호한 표정은 글의 내용을 잘못 해석하게 할 우려가 있다.

사람의 얼굴을 악독하게 그리지 않은 그림책이 좋다. 악독한 얼굴 표정은 어린이의 마음에 어두운 그림자를 던진다. 너그럽고 푸근한 표정, 넉넉하고 순한 표정, 부드럽고 우아한 표정의 그림이 어린 독자들도 아름다운 표정을 짓게 만든다.

이야기 속에 등장하는 인물이나 동물의 크기는 사실적인 크기가 아닌 이야기에 걸맞게 표현되어야 한다. 글 속에서는 사자가 쥐에게 쩔쩔 매는 장면이 나오는데, 사실적 크기에 얽매여 쥐가 사자의 100분의 1도 안 되게 그려 놓는다면 이야기의 효과가 절감된다. 이럴 경우에는 쥐의 크기를 사실보다 확대하여 강조하는 것이 좋다.

또한 무엇보다 그림의 방향성과 책의 방향성이 일치해야 한다. 보통 책의 흐름은 왼쪽에서 오른쪽으로 흘러간다. 그래서 모든 책은 내용도 그림도 왼쪽에서 오른쪽을 향해 진행된다. 즉 오른쪽이 진행 방향, 왼쪽은 후퇴 방향이다. 그런데 가끔 그림 속에서 오른쪽에서 왼쪽으로 걸어가는 장면이 나온다. 글의 이야기가 과거를 향해 가는 것이라면 몰라도, 미래를 향하는데 진행 방향이 달라지면 어린 독자들은 혼란을 겪고 몰입하지 못하게 된다.

Tip 독서 습관을 들이는 데 필요한 그림책

1 전체적으로 아름다워 눈에 잘 띄는 곳에 놓아두고 싶은 책.
2 사람이나 동물의 표정이 흉측하지 않은 책.
3 그림 속에서 이야기가 구름처럼 피어오르는 책.
4 그림을 보는 독자의 얼굴에 미소를 떠오르게 하는 책.
5 누군가에가 선물하고 싶어지는 책.

항상 책을
가지고 다녀라

지방 강연이 있던 어느 날 정말 행복한 이야기를 들었다. 50대 초반으로 보이는 낯선 여성이 다가와 내 손을 잡으며 말했다.

"저희 아이가 두 살 때, 선생님이 쓰신 《꾸러기 곰돌이》를 사 주었거든요. 어찌나 좋아하던지 잠잘 때도 껴안고 자고, 할머니 집에 갈 때도 가방에 넣어 가고, 무겁다고 말리면 울고불고해서 항상 가지고 다녔어요. 다른 책을 사 줘도 그 책만 유난히 좋아해서 초등학교 때까지 보곤 했어요. 아이가 책이라면 그렇게 좋아하더니 공부도 잘했어요. 지금 의대 졸업반이에요. 선생님이 키워 준 것 같아요."

이야기를 듣던 내 눈시울이 뜨거워지자 그 어머니의 눈에도 눈물이 어리었다. 그 뒤로 나는 흰 가운을 입은 젊은 의사를 보면 아는 사람이라도 되는 양 유심히 바라보는 습관이 생겼다.

이 아이처럼 책을 가지고 다니는 습관이 아주 어렸을 때부터 들었다면 좋겠지만, 초등학교 시절부터라도 상관없다. 언제나 가방에 읽을 책 한 권을 넣어 다니는 아이라니 얼마나 믿음직한 모습인가.

독서를 좋아하는 아이들 중에는 항상 책을 가지고 다니는 아이들이 많다. 그런데 알고 보니 이런 독서 습관이 그냥 우연히 생긴 것이 아니었다. '책 읽어 주는 엄마', '책 읽는 엄마', '책 가지고 다니는 엄마'에게서 전염된 것이었다.

나들이 가기 전 엄마는 화장을 마치고 옷을 갈아입은 다음에, 자신이 읽을 책 한 권을 가방에 넣는다. 그러면 따라 하기를 즐기는 아이는 자기도 책을 가방에 넣는다. 여행 중, 기차 안에서 엄마가 조용히 책을 꺼내 읽으면 아이도 책을 꺼내 읽는다.

심리학자들의 연구에서 '책을 가지고 다니는 것은 일종의 자기 최면 효과가 있다'는 것이 밝혀졌다. 책을 가지고 다니는 아이는 가지고 다니지 않는 아이보다 책을 좋아할 확률이 3배 이상 높고, 공부하기도 3배 이상 즐거워한다는 것이다.

실제로 나는 중·고등학교 학생들과 면담을 해 보았다.

"공부를 하다가 반드시 외출을 해야 하는 상황이 생겼을 때, 혹시 책을 챙겨 가나요?"

성적이 좋은 학생들 90%가 '책을 가지고 간다'고 답한 반면, 성적이 좋지 못한 학생들은 78%가 '책을 가져가지 않는다'고 답했다. 또 공부 잘하는 학생들은 어린 시절부터 외출이나 여행 시 '책을 가지고 다녔다'고 응답한 비율이 87%인데 비해, 성적이 낮은 학생들은 11%에 지나지 않았다.

Tip 상황에 따라 가져가기 적합한 책

1 **여행 갈 때** – 전래동화, 전래동요를 가볍게 읽는다.

2 **친구 병문안 갈 때** – 시집, 수필집, 그림책을 가지고 가서 친구에게 읽어 준다.

3 **기분이 나쁜 날** – 시집, 그림책을 보면서 나를 위로한다.

4 **시험 보는 날** – 우화를 읽으면 머리가 논리적으로 정리된다.

5 **슬픈 날** – 판타지 동화를 읽으며 잠시 현실을 잊어 본다.

6 **머리가 몽롱한 날** – 추리 소설을 읽으면 두뇌가 논리적으로 정리된다.

7 **착한 아이가 되고 싶은 날** – 명작 동화를 읽으며 착한 주인공과 놀아 본다.

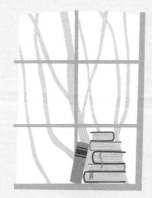

4장

공부머리를 완성하는
독서 전략 3단계

책이 맛있어지는
읽기 방법

먼저 살짝
핥아 보고 읽어라

사탕 먹는 아이를 떠올려 보자. 먼저 아이는 혀끝으로 사탕을 살짝 맛본다. 그렇게 단맛을 느낀 후 입 안에 사탕 전체를 쏙 넣고 맛있게 먹는다. 책도 이렇게 읽어 보면 어떨까. 어떤 책일까 먼저 살짝 맛보고 읽으면 더 흥미롭게 읽을 수 있다.

'핥아 보고 읽기'란 우선 책의 제목을 보고 어떤 책일까 생각한 다음, 목차를 보며 내용을 짐작하고, 책장을 훌훌 넘기며 그림까지 훑어보는 방식이다. 아이가 책을 이렇게 읽기 시작한다면 책에 대한 호기심을 키우고, 책을 정복할 수 있다는 자신감도 얻을 수 있다. 물론 이때 책의 첫 맛이 나쁘면 그 책은 읽지 않아도 된다. 일단 맛을 어느 정도 가늠하고 읽기 시작한 책은 완독에 실패할 확률도 줄어든다. 핥아 보고 읽기는 독서 성공률을 높이는 읽기 방법이다.

핥아 보고 읽는 방법은 책을 빨리 읽는 아이들에게 좋다. 책을 빨리 읽는 아이들을 조사해 보면 무슨 내용인지 궁금하여 빨리 읽는다는 아이들과, 책 읽는 습관이 그렇게 잡힌 아이들로 나뉜다. 책 읽기 습관이 들기 전 아이들에게 핥아 보고 읽는 방법을 한 달 정도 시키면 책을 천천히 읽는 습관이 생긴다.

또한 읽으면서 자꾸만 뒷장을 뒤적이는 아이들에게도 치료 효과가 있다. 그 책이 무슨 이야기인지 조금은 알고 책을 읽기 때문에 궁금증을 덜 수 있다.

1 제목을 보고 무슨 내용일까 생각한다.

2 목차를 보며 다시 한 번 내용을 짐작해 본다.

3 훌훌 넘기며 그림을 보고 내용을 짐작해 본다.

4 책의 종류에 따라 다르게 적용해야 한다. 예를 들어 추리 소설을 읽을 때라면 이 방법은 좋지 않다. 추리 소설은 결과를 알고 읽으면 읽는 맛이 사라진다.

웃으면서 읽으면
뇌 활동이 활발해진다

독일 작가 제임스 크뤼스가 쓴《팀 탈러, 팔아 버린 웃음》이라는 소설이 있다. 주인공 팀 탈러는 가난하지만 멋지게 웃을 줄 아는 소년이다. 그런데 어느 날 악마가 찾아와서 거액을 줄 테니 그 밝은 웃음을 팔라고 제안한다. 소년은 악마의 거래를 받아들인다.

그 후, 팀 탈러의 인생은 어둠 속으로 굴러떨어진다. 모든 사람이 팀 탈러를 피하고 미워하기 시작한 것이다. 팀 탈러는 그때부터 웃음을 다시 찾아야겠다는 일념으로 악마를 찾아 나선다. 그리고 노인이 다 되었을 때가 되어서야 비로소 악마를 만나 웃음을 되찾는다.

이 동화는 상상력의 산물이지만, 웃음이 인생에 어떤 작용을 하는지 잘 보여 준다. 실제로 멋진 웃음을 가진 사람은 인기가 많다. 웃음기 가득한 얼굴로 이야기하는 사람은 성공할 가능성이 높다는 말도 있다. 기업에서 직원을 뽑을 때 역시 웃는 상인 사람을 선호한다는 이야기도 있다.

동양의 기철학氣哲學에서는 사람이 웃을 때 단순히 보기 좋을 뿐만 아니라 몸속에서 좋은 기氣가 나와서 주위에 긍정적인 작용을 한다고 본다. 서양 의학에서도 이를 증명하고 있다. 웃으면 기쁘다는 느낌이 뇌를 점령하며 뇌 활동이 더욱 활발해진다는 것이다. 우리도 웃으면서 하는 말과 찡그리고 하는 말의 차이를 알고 있다. 어떤 표정으로 말하느냐에 따라 상대방의 반응이 달라지는 것을 자주 경험하기 때문이다.

이 같은 이론과 실증을 바탕으로 독서학자들은 웃음을 통하여 뇌 기능을 활발하게 한 뒤 책을 읽는 것이 효과적이라는 이론을 꾸준히 발표하고 있다. 찡그리고 화내면서 책을 읽으면 머릿속에 아무것도 들어가지 않는다. 흔히 화가 나면 "기가 막힌다"고 하는데, 실제로 화가 나서 두뇌에 기가 통하지 않는 상태로 책을 읽으면 독해가 불가능해진다.

그와 반대로 기쁜 마음일 때는 두뇌에 기가 잘 통하여 독해가 원활하게 일어난다. 따라서 독서하기 전에 아이를 꾸짖거나 부모의 걱정거리를 말해서는 안 된다. 아이에게 근심을 안겨 주면 웃음이 사라지기 때문이다.

주인공처럼
느끼며 읽어라

　　　　　　　책을 읽을 때 주인공처럼 보고 느끼면서 읽으면 책이 더 재미있어진다. 이런 현상을 독서심리학에서는 '이성적으로 읽기보다 감성적으로 읽을 때 책이 더 재미있다'고 표현한다.

　1980년대에 미국 교육과학연구소에서 세계적으로 성공한 사업가 600명을 조사했다. 그 결과 그들의 특징으로 풍부한 감성, 창의성, 정직성이 나타났다. 지금이야 놀라울 것이 없는 결과이지만, 당시만 해도 감성이 성공의 조건에 포함되었다는 사실에 많은 사람들이 놀랐다. 성공하려면 피도 눈물도 없는 사람이 되어야 한다고 믿어 온 사람들이 많았기 때문이다. 감성이 성공의 강력한 요인이라는 사실이 밝혀지면서 감성 지능EQ의 중요성이 부각되기 시작했다.

감성은 책과 사람을 연결하는 고리 역할을 한다. 느낌이 풍부하고 감성적인 사람은 독서 활동이 왕성하고 공부도 잘한다. 반면 감성이 빈약한 사람은 독서에 미온적인 태도를 보이며 공부에도 적극적이지 않다.

미국의 철학자이자 교육학자인 존 듀이는 "지식은 느낌의 중개를 거쳐 발생한다"고 말한다. 존 듀이의 말처럼 책도 느낌의 중개 없이는 독자의 머릿속으로 들어가지 못한다. 기호에 불과한 문자가 인간의 머릿속에 의미가 되어 들어가려면 감성의 도움을 받아야 한다. 예를 들어 '달콤 쌉싸름한 초콜릿'이라는 문자를 읽을 때 그 맛을 두뇌에서 느끼지 못하면 독자는 글을 읽어도 이해가 되지 않고 재미도 없을 것이다.

독서를 지루하게 생각하는 사람들이 가지고 있는 몇 가지 특징 중 하나가 책 내용에 몰입하지 못하는 것이다. 책에서 일어나는 현상을 느끼지 못하기에 글 따로, 독자 따로 노는 것이다. 책과 내가 따로 놀 때에는 아무리 뛰어난 책이라도 맛없는 책이 되고 만다.

늘 근심에 쌓여 있는 아이, 가정불화가 심한 아이, 성적이 나빠 고민하는 아이들은 감성이 약하다. 남들이 다 웃을 때도 한참 후에 혼자 웃는다. 이런 사람을 두고 '혼이 나갔다'고 표현하는데, 이는 동기부여가 잘 안 된다는 의미다. 동기부여가 안 되는 아이는 독서와 같이 강한 두뇌 활동을 하는 것이 불가능하다. 이런 아이 중 상당수가 독서기피증을 앓고 있다.

 아이의 감성을 높여 주는 방법 ✎

1 아이의 느낌을 존중해 준다.

2 부부간의 불화한 모습을 아이에게 보이지 않는다.

3 아이에게 근심 걱정이 있으면 빨리 풀어 준다.

4 아이가 자기 느낌을 말로 표현할 기회를 자주 준다.

5 아이가 책 속 주인공의 심정을 느껴 보게 한다.

6 아이가 작품 속 배경의 날씨를 느껴 보게 한다.

7 아이가 미래에 대하여 긍정적인 생각을 가지도록 한다.

8 아이를 공개적으로 꾸짖어 망신을 주지 않는다.

소리 내어 읽으면
두 번 읽는 것과 같다

옛 시대를 배경으로 한 영화나 드라마에서는 훈장님을 따라 큰 소리로 책 읽는 아이들의 모습을 자주 볼 수 있다. 소리 내어 읽는 음독音讀은 예부터 우리나라 교육에서 중요한 자리를 차지해 왔다. 1960년대까지만 해도 음독은 초등학교 저학년 교실에서 흔히 볼 수 있는 풍경이었다.

현대에 이르러 음독은 거의 사라졌다. 학교에서나 가정에서나 아이들이 소리 내어 책을 읽는 모습은 거의 볼 수 없다. 음독을 하면 다른 사람에게 피해를 주는 예의 없는 사람으로 취급되기도 한다. 그러나 음독은 매우 좋은 읽기 방법 중 하나다. 음독은 뇌 전체를 활발하게 활동시키는 뇌의 전신 운동이다.

소리 내어 읽을 때의 프로세스는 다음과 같다. 종이에 쓰인 문자를 읽어서 두뇌에 전달하고, 두뇌는 다시 음성언어로 바꾸어 발화하고, 그 발화된 소리는 다시 자신의 귀로 들어가 머리에 이중으로 저장된다.

따라서 음독으로 읽을 때는 묵독默讀으로 읽었을 때보다 기억의 강도가 두 배 정도 높아진다. 책 읽기가 힘든 아이, 혹은 문자는 읽지만 문장을 이해하지 못하는 아이에게 천천히 음독을 시키면 이해가 빠를뿐더러 오래오래 기억하게 된다.

흔히 책을 읽어 주며 키운 아기가 머리가 좋다고 한다. 이것은 아기 때부터 음성언어로 두뇌에 자극을 주었기 때문이다. 이처럼 소리를 듣는 것은 두뇌 활동에 좋은 영향을 끼친다. 러시아의 작가 톨스토이와 도스토옙스키도 소리 내어 읽기로 독서의 즐거움을 알게 되었다고 고백한 바 있다.

아기에게는 말의 울림이나 말의 리듬, 말의 약동 자체가 학습이다. 유대인이 똑똑한 까닭은 세 살 무렵부터 유대교의 율법서인 탈무드를 소리 내어 읽고 암송하도록 교육받았기 때문이라는 연구 결과도 있다. 부모가 아기에게 말을 걸고 옛날이야기를 들려주는 것도 소리 내어 읽기를 이용한 언어적 자극의 일종이다.

따라 읽기도 언어적 자극이 되고 암송하기도 언어적 자극이 된다. 이런 활동은 일찍부터 언어적 자극을 주어 아이의 언어 회로를 자극하고, 아이가 훗날 책과 공부를 좋아하게 만든다.

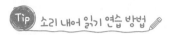

Tip 소리 내어 읽기 연습 방법

1 아이가 학교에 가지 않는 날, 집에서 큰 소리로 책을 읽게 한다.

2 아이가 소리 내어 읽을 때 발음이나 억양 등을 체크한다.

3 대화문은 등장인물의 특성에 맞게 소리 내어 읽게 한다.

4 의성어나 의태어는 감각을 살려 읽도록 한다. 그러면 소리 내어 읽기가 더 재미있어진다.

5 아이가 잘못 읽어도 "그렇게 하면 안 돼" 하지 말고 장점을 부각하여 칭찬 한다.

6 아이가 어린 동생이나 할머니에게 책을 읽어 주도록 유도한다. 그러면 독 서를 더 좋아하게 된다.

상상을 잘하는 아이가
공감 능력도 뛰어나다

대학 교수인 어머니가 초등학교 4학년짜리 딸을 데리고 나의 연구실로 찾아왔다. 아이의 어머니는 슬픈 책을 읽는데도 슬퍼하지 않고 오히려 깔깔거리며 웃는 딸이 걱정이라고 했다. 독서능력진단지로 검사해 보니 아이는 상상력이 매우 낮은 상태였다. 상상력이 부족해서 느낌Feeling도 약하고, 느낌이 약하니 책 속 주인공과 공감할 수 없었다. 그래서 슬픈 상황에서도 눈물은커녕 웃을 수 있었던 것이다.

이러한 아이들이 점점 많아지는 추세다. 상상력이 빈곤한 아이는 독서할 때 구체적인 이미지를 떠올릴 수 없기에 자신과 작품의 분리 현상을 겪게 된다. 그런데 이런 아이들을 살펴보면 성격이 매우 이성적이고 학교 성적도 나쁘지 않은 경우가 많다. 겉으로 보기에 모범생이지만 책을 읽을 때에는 감동을 경험하지 못해서 지루해 한다. 이러한 아이를 그대로 방치하면 책에 재미를 붙이지 못하여 결국 책을 아예 읽지 않게 된다. 이런 아이들에게 독서의 재미를 찾아 주기 위한 방법이 상상하며 읽기다.

상상하며 읽기는 작가가 언어로 그려 놓은 이미지를 머릿속 혹은 가슴속에 나의 이미지로 바꾸어 놓는 읽기 방법이다. 이때 독자가 떠올리는 이미지는 읽고 있는 책의 내용과 관계된 것이지만, 독자의 과거 경험에 따라 다르게 그려진다.

독자가 책 속에 들어 있는 모든 장면을 다 떠올릴 수 있는 것은 아니다. 떠오르는 것은 자기가 공감할 수 있는 장면뿐이다. 공감이란 자신이 경험하고 이해할 수 있는 범위 안에서 이루어진다. 그래서 책을 읽으며 상상할 수 있다는 것은 일종의 인정과 공감으로 볼 수 있다. 프랑스의 비평가 가스통 바슐라르는 이것을 다음과 같이 설명한다.

"상상력이란 이미지를 형성하는 능력으로, 주어진 이미지를 왜곡하고 변화시켜 나가는 힘이다. 즉 지금 이 세계의 이미지가 아닌 다른 이미지 속으로 우리를 해방시키는 힘이다."

상상하며 읽기는 독자의 창조적 상상력을 이용하여 책 속 장면을 새로운 이미지로 변용하는 것이다. 이는 책을 맛있게 읽는 데 꼭 필요한 능력이다.

Tip 상상하며 읽는 방법

1 작품 속 장면과 정경, 분위기를 상상하며 읽는다.

2 인물의 기분과 성격, 얼굴 모양을 상상하며 읽는다.

3 인물의 말투와 표정, 태도, 행동, 옷차림 등을 상상하며 읽는다.

4 빛깔, 모양, 크기, 촉감, 소리, 무게 등을 상상하며 읽는다.

5 장소, 날씨, 거리, 넓이 등을 상상하며 읽는다.

영화배우처럼
작품 속으로 들어가라

A학생: 이 소설 재미있니?

B학생: 응. 무척 재미있어.

다음 날 A학생이 B학생에게 말한다.

A학생: 야, 재미있다더니 하나도 재미없던데?

B학생: …?

똑같은 책을 A는 재미있게 읽고, B는 재미없게 읽은 이유는 무엇일까? 그 비밀은 동일시同一視의 경험에 있다. 재미있다는 것은 내가 주인공처럼 생각되는 동일시를 경험했다는 뜻이다. 한편, 재미없다는 것은 나와 주인공이 그저 남남에 그쳤다는 뜻이다.

세계적으로 유명한 영화감독 히치콕은 이렇게 말한다.

"배우는 자신이 연기하는 인물과 자기 스스로를 얼마나 동일시하느냐에 따라 일류 배우와 삼류 배우로 나뉩니다."

배우들은 새로운 배역을 맡으면 그 인물이 되기 위하여 갖은 노력을 한다. 그가 일류 배우라면 맡은 배역을 충실하게 그려 내려고 작품 속으로 뛰어든다. 주인공의 고향으로 가 보고, 그가 잘 먹는 음식을 먹고, 그가 입었던 옷을 입고, 그가 즐겨 읽었다는 책을 읽어 보기도 하면서 그의 말투와 음성과 표정을 창조한다고 한다. 이렇게 작품에 임하는 배우는 일류 배우가 될 수 있지만, 대본만 읽고 연기하는 배우는 항상 삼류로 남더라는 것이다.

책 읽기도 이와 비슷하다. 책을 읽으며 주인공과 내가 하나가 되는 일체감을 느끼지 못하는 독자는 책의 재미를 모르는 삼류 독자가 된다. 그러나 주인공과 내가 하나가 되는 경험을 하는 독자는 독서를 즐기는 일류 독자가 된다. 그리고 재미를 넘어 책이 주는 메시지와 감동의 세례를 받게 된다.

독자 중에는 동일시가 잘 일어나는 사람도 있고 그렇지 않은 사람도 있다. 상상력과 공감 능력이 높은 사람들은 동일시를 더 쉽게 경험한다. 동일시가 되기 위해서는 일류 배우처럼 작품 속으로 들어가야 한다. 영화배우처럼 주인공과 일치가 되어 독서하는 방법을 영화배우처럼 읽기라고 칭한다.

1 책을 읽고 난 아이에게 주인공의 기분이나 생각, 고민들을 들어 본다.

2 책 속에 나오는 날씨와 꽃향기, 기온 등에 대해 묻는다.

3 '너 같으면 어떻게 할래?' 식의 질문을 하여 주인공의 문제를 아이의 문제
로 끌고 와 본다.

심청처럼 용감하게
책에 뛰어들어라

"전래동화에 나오는 심청을 생각할 때 가장 먼저 떠오르는 장면은 무엇인가?" 하고 질문을 던졌을 때 우리나라 초등학생 중 70%가 '치마를 뒤집어쓰고 강물로 뛰어드는 장면'이라고 응답한다. 그다음으로 왕비가 되어 아버지를 만나는 장면, 눈먼 아버지를 데리고 다니며 밥을 얻어 먹이는 장면 등이 나온다. 그러나 강물로 뛰어드는 장면이 압도적으로 많다. '심청처럼 읽기'란 심청이 인당수에 뛰어들 듯이 책 속으로 무조건 뛰어드는 용감한 독서법을 말한다.

우리나라의 많은 청소년들은 책 읽기에 용감하게 뛰어들지 않는다. 많은 학생들이 음악을 틀어 놓고 고개를 흔들면서 책을 읽거나 공부를 한다. 이들에게 왜 그렇게 하느냐고 질문하면 "그래야 공부가 더 잘된다"고 답한다. 그러나 이것은 인지과학으로 증명하지 못하는 주장이다. 오히려 인지과학은 그 반대 이론을 증명한다.

어떤 대학 교수가 음악을 틀어 놓고 공부하는 학생들을 보고 "왜 그러느냐"고 물었다. 학생들이 대답했다. 음악을 틀어 놓아야 공부가 더 잘된다고. 그러자 그 교수는 시험 시간에 학생들이 틀어 놓았던 그 음악을 크게 틀었다. 그랬더니 모든 학생들이 집중이 안된다고 아우성쳤다. 공부할 때처럼 집중이 더 잘되니 그냥 두라는 학생은 한 명도 없었다.

이 이야기는 독서에 음악 듣기가 방해가 된다는 사실을 증명해 주는 실화다. 독서 또한 시험처럼 두뇌 활동이 활발하게 진행되어야 하는 일이다. 음악을 들으며 읽을 수 있는 책은 사고력을 동원하지 않고 눈으로만 훑어도 이해가 되는 단순한 만화책뿐이다. 만화책 중에서도 카툰이나 만평, 심리 만화, 분위기 만화, 사고력 만화, 생각하는 만화, 학습 만화가 아닌 줄거리 위주의 만화뿐이다.

우리나라 어린이나 청소년들이 독서를 점점 멀리하는 경향이 나타나는 것은 심청처럼 용감하게 책 속으로 자신을 빠뜨리지 않기 때문이다. 책을 읽을 때에도 한 발은 현실에, 한 발은 책에 들여놓고 있다. 심청처럼 용감하게 책 속으로 들어가 보면 누구나 책 읽기가 재미있어질 것이다.

Tip 독서에 음악을 효과적으로 사용하는 법 ✐

1 책을 읽기 전에 2~5분 동안 가사가 없는 조용한 음악을 틀어 놓고 정신
  을 안정시킨다.
  (예: 비발디의 사계, 드뷔시의 달빛, 마스네의 타이스 명상곡, 엘가의 사랑의
  인사, 헨델의 사라방드 등)
2 음악을 끄고 책을 읽는다.
3 책을 읽는 동안에는 어떠한 음악도 틀지 않는다.

능동적으로
구시렁거리며 읽어라

　　　　　　　　　　　스키 선수는 눈 위에서 점프할 때, 암벽 등반가는 가파른 절벽을 오를 때 강력한 몰입을 경험한다. 말하자면 몰입은 자기가 좋아하는 것을 하고 있을 때 일어난다. 몰입 교육 전문가 미하이 칙센트미하이 박사의 연구에 따르면 독서 중에 일어나는 몰입은 강력한 힘을 가지며, 이 몰입이 세상에서 가장 많은 사람들이 경험하는 몰입이라고 한다.

　한 예로 이탈리아 북부에 사는 어떤 교사는 책을 읽을 때면 읽는 즉시 책에 몰입되어 평소에 걱정하던 문제가 사라진다고 한다. 우리나라 전래동화에도 책 읽기에 빠져 마당에 널어놓은 곡식이 떠내려가는 것도 몰랐다는 선비가 나온다. 이 전래동화는 그 선비가 과거에 장원 급제하는 이야기로 이어진다.

책을 읽을 때 눈은 글자를 따라가면서 머리는 다른 생각을 할 때가 있다. 그러다가 다시 책을 보면 몇 줄은 무슨 내용이지 모른 채 지나간 것을 알게 된다. 이는 줄거리 위주의 쉬운 책이나 만화책을 읽을 때는 문제가 없지만, 생각하며 읽어야 하는 역사도서, 철학도서, 세계명작, 단편소설, 탐정소설, 모험소설을 읽을 때는 낭패가 된다.

이런 상황을 방지하는 방법이 있다. '구시렁거리며 읽기'다. 책을 읽으면서 책의 내용에 의심이 들면 "정말 그럴까?" 하고 구시렁거리는 것이다. 책의 내용이 어려우면 "이건 너무 어렵잖아?" 하고 구시렁거린다. 또 멋진 구절이 나오면 "와! 멋지구나. ○○한테 가르쳐 줘야겠네" 하고 감탄하는 것이다.

실제로 옛날 사람들은 누군가 책을 읽어 주면 "저런 몹쓸 놈이 있나? 천벌을 받을 거야" 하며 추임새를 넣기도 하고, "그려, 부모한테 잘했으니까 너는 복 받을 겨" 하며 고개를 끄덕이기도 했다. 그러면 책을 읽는 사람과 듣는 사람 모두 한눈을 팔지 못하게 되어 독서 효과가 컸다.

이렇게 책 읽기의 느낌을 말로 표현하면 정신이 다른 곳으로 가는 것을 막을 수 있다. 재미도 있으며, 자신이 책 속으로 들어간 듯하여 적극적이고 능동적인 독서가 이루어진다. 책을 읽을 때는 주로 좌뇌의 언어중추를 사용하는데, 이렇게 말로 표현하면 감성적인 우뇌도 활성화되어 좌뇌와 우뇌의 균형이 잡히고 더욱 쉽게 이해할 수 있다.

책 권하는 기쁨을 아는
서점 주인처럼 읽어라

　"나는 손님들에게 좋은 책을 권해 주기 위하여 꼼꼼히 책을 읽기 시작했습니다. 실제로 읽은 책 가운데 도움이 되거나, 감동하거나, 웃음이 나거나, 깜짝 놀라게 하여 읽은 사람을 바꿀지도 모르는 책들을 우리 서점 안에 빼곡히 진열해 놓았습니다. 그리고 '이렇게 유익한 책을 갖춘 서점은 어느 곳에도 없어!' 하며 혼자 싱글벙글 웃고 있었습니다. 후후, 이제 곧 우리 서점에 감동한 어떤 훌륭한 사장님이나 대통령이 나타나서 '이 책 정말로 좋군요. 한 천 권 정도 주문하고 싶습니다'라고 말해 주기를 기다렸습니다."

　　　　　　　　　일본에서 '독서 권장'이라는 특이한 이름의 서점을 운영하고 있는 시미즈 가쓰요시가 쓴 글의 일부다. 이 글을 보면 좋은 책을 추천해 주고 싶은 그의 마음이 그대로 전해진다. 정도의 차이는 있겠지만 서점을 운영하는 사람의 마음은 모두 비슷할 것이다. 좋은 책을 갖춰 놓고 손님들에게 권하는 기쁨. 책을 권할 때 생기는 그 행복감을 즐기는 것이리라.

시미즈 씨처럼 책을 고르는 손님에게 좋은 책을 추천해 주고 싶어 책을 읽는다면, 그 책의 색다른 맛을 발견할 수 있게 된다. 그냥 자기만 읽고 만다면 책을 보는 눈이 매우 주관적일 수 있다. 그러나 서점 주인은 그 책을 누가 좋아할지, 누구에게 어떤 도움을 줄 수 있을지를 따져 볼 것이다. 그런 과정에서 책에 대한 객관적인 안목이 생기고, 더 많은 사람들이 좋아할 수 있는 대중적인 맛을 발견하게 될지도 모른다.

꽃그늘 아래서
느긋하게 읽어 보자

　　　　　　　　로마의 성 베드로 대성당에서 교
활하거나 잡스러운 생각에 빠지는 사람이 있을까? 그곳에서는 성당
의 엄숙한 공간에 압도되어 누구나 저절로 고개를 숙이게 된다. 법
원에 들어가면 죄가 없는 사람도 기가 죽는다. 과장되게 크고 넓은
법원은 순응을 강요하기 위하여 지어진 건물이기 때문이다.

　백화점은 또 어떠한가? 양말 하나 사러 갔다가 계획에 없던 돈을
펑펑 쓰고 나오는 경우가 많다. 백화점은 '고객이 왕'이라고 부추기
며 자꾸 지갑을 열도록 설계된 공간이기 때문이다. 이렇듯 공간은
생활 속에서 호시탐탐 우리의 뇌를 조종하고 감정을 컨트롤하며 의
견과 결정을 지배한다.

　숲속에 들어가면 심장박동이 느려지고 근육이 이완되는 느낌을

받는다. 일상에서 요동치던 근심 걱정이 사라지고 그 자리에 차분한 행복감이 차오른다. 이런 현상에 대하여 서던캘리포니아대학의 어빙 비더만 교수는 다음과 같이 말한다.

"사람들이 푸르른 숲속이나 아름다운 꽃나무 아래에서 행복감을 경험하는 이유는, 아름다운 공간이 엔도르핀이 분비되는 경로의 신경세포를 활성화시키기 때문이다. 아름다운 공간은 행복 호르몬인 엔도르핀뿐 아니라 인지 기능을 강화하는 신경세포까지 활성화하여 우리 두뇌에 깊은 인상을 남긴다."

요즘 자연의 회복탄력성에 관한 관심이 높아지고 있다. 숲과 꽃이 있는 자연 속에 들어가면 몸과 마음에 눈에 띄는 효과가 나타난다는 각종 연구 결과 때문이다. 환자의 회복이 빨라지고, 우울증 환자의 치유가 이루어지며, 공부에 지친 학생들의 학습 능력이 올라가는 등의 결과가 발표되었다.

'꽃그늘 아래서 읽기'는 이처럼 아름다운 공간의 힘을 이용한 책 읽기 방법이다. 꽃그늘이 아니어도 좋다. 아름다운 자연 속이라면 어디라도 좋다. 커다란 느티나무 아래에 놓인 평상에서 읽어도 좋고, 졸졸 흐르는 시냇물에 발을 담그고 읽어도 좋다. 아름다운 공간이 제공하는 에너지로 아이들의 두뇌를 활성화하면 된다.

꽃그늘 아래서 읽기는 책 읽기의 감동을 체험하지 못한 아이, 너무나 많은 책을 읽어 두뇌가 지친 아이에게 효과적이다. 감동을 경험하지 못한 아이들은 아름다운 공간이 주는 분위기 속에서 긍정적인 기분을 가지게 된다. 이런 긍정적인 기분이 책 읽기에 대한 긍정 마인드를 회복시켜 준다.

책 읽기에 지친 아이들의 경우 책을 많이 읽어서라기보다는 싫어하는 책을 읽노라 지친 아이들이 많다. 이런 아이들에게 꽃그늘은 행복감을 준다. 자연이 선사한 행복감이 다음 책을 읽을 때까지 작용한다.

행복한 기억과 불행한 기억은 둘 다 다음 행동에 영향을 끼친다. 행복한 기억은 강화되고 불행한 기억은 약화된다는 스키너의 강화 이론에 따라 사람은 행복하게 기억했던 일을 다시 찾는다. 어린 시절에 살던 고향을 찾아가고, 맛있는 음식을 먹었던 식당에 다시 들르는 것처럼 말이다. 꽃그늘 아래서 읽기는 독서의 행복감을 몰랐던 아이들에게 독서의 행복감을 찾아 줄 것이다.

꽃그늘 아래서 읽기를 할 때에는 딱딱하고 어려운 책이 아니라 가볍고 쉬운 책을 고르는 것이 좋다. 시집, 그림책, 동화책, 수필집 등이 좋다. 딱딱한 내용의 책, 어휘와 문장 수준이 독자를 억누르는 어려운 책은 두뇌를 더욱 피로하게 할 뿐이다. 또한 꽃그늘 아래서 읽기 후에는 명상이나 가벼운 대화로 독후감을 대신하자. 의무적인 발표나 토론은 역효과를 가져온다.

작가가 된 것처럼
창조적으로 읽어라

6.25 전쟁 전에 북쪽에서 서울로
유학 온 소년과 6.25 전쟁 중에 인민군에 의해 북으로 끌려간 남쪽
청년이 서로 국군과 인민군이 되어 삼팔선 근처에서 만나게 되는 줄
거리의《소년병과 들국화》란 동화집을 출간했을 때, 모교인 충주삼
원초등학교 학생들로부터 100여 통의 편지를 받았다. 교사들이 학
생들에게 학교 선배가 쓴 작품이니 읽어 보고 편지를 보내라는 숙제
를 내 준 모양이었다.

나는 편지를 읽으면서 아이들의 감상 방법이 서로 다른 것에 놀
랐다. 아이들의 90% 정도는 작품을 잘 읽었고 우리나라가 통일이
되었으면 좋겠다는 내용의 감상문을 보냈다. 그것은 어느 학교 어느
교실에서나 흔히 만나 볼 수 있는 평범한 감상문으로, 작품은 작가

의 것이고 자신들은 수동적으로 읽는 독자일 뿐이라는 태도였다. 그런데 나머지 10% 정도의 아이들은 나를 제쳐 놓고 자기가 작가라고 생각하면서 읽고 그 생각을 써 보냈다.

"이 작품을 내가 고친다면 나는 소년병과 인민군이 옷을 바꾸어 입고 서로 반대쪽으로 내려가도록 하겠어요. 왜냐면요, 그것은 위험하기는 하지만 자기 고향으로 돌아갈 수 있는 기회도 되니까요. 그리고 독자들에게 계속 궁금증을 주게 되니까 더 재미있을 거예요."
_6학년 3반 최영주

"나는 음악 선생님 약혼자의 블라우스를 보랏빛이 아닌 분홍색으로 하겠어요. 분홍색 옷을 입은 여자들이 보랏빛 옷을 입은 여자들보다 더 착한 것 같아요. 우리 엄마도 분홍색을 좋아합니다."
_3학년 2반 윤세중

이런 편지를 쓴 아이들은 동화책을 작가의 심정으로 읽었을 것이다. 이렇게 자신이 작가가 된 것처럼 책을 적극적으로 읽는 아이들은 수동적으로 읽는 아이들보다 창조적 상상력을 더 많이 발휘한다.

아이의 읽기 방법은 교사나 부모의 독서 지도 방향에 따라 달라진다. 간혹 작품을 읽기 전에 작가에 대하여 또는 작품의 창작 배경에 대하여 상세하게 알려 준 다음에 작품을 감상하도록 하는 부모와 교사들이 있다. 이런 방법은 친절하기는 하지만 아이의 창조적 상상력을 길러 주는 데는 방해가 된다. 그렇게 되면 아이는 부모나 교사가 가르쳐 준 테두리 안에서 이해하고 해석할 수밖에 없기 때문이다.

반면에 사전 정보 없이 읽게 하는 방법은 아이의 창의력과 상상력을 기르는 데 매우 효과적이다. 아이는 부모나 교사의 가이드라인이 없기 때문에 자유롭게 상상하며 읽을 수 있다. 앞서 말한 10%의 아이들은 책을 읽기 전에 설명해 주지 않는 부모를 뒀을 가능성이 높다.

사려 깊은 독자가
좋은 책을 알아 본다

독서심리학 연구에서는 '사람은 일생에 책을 찾는 특별한 시기가 있는데, 나중에 뒤돌아보면 그 시기가 그의 인생의 성장기였다'고 말한다. 즉 누군가가 60 평생 동안 600여 권의 책을 읽었다면, 그가 책을 1년에 10권씩 평균적으로 읽은 것이 아니라 어느 한두 해 동안 평생 읽은 책의 70~80%를 읽었다는 뜻이다. 책을 몰아 읽은 시기가 바로 그 사람 인생의 성장기였을 확률이 높다.

이 연구는 '사람은 책을 읽으면 새로운 인생의 성장기를 맞게 된다'는 책의 효용성을 밀해 준다. 동시에 '인생의 전환기를 맞이하고 싶은 사람은 책을 찾는다' 혹은 '성공하고 싶은 사람은 책을 찾아라'라는 의미도 담겨 있다.

책은 독자를 성장시킨다. 그런데 반대로 책이 독자를 타락시키는 경우도 있다. 어린 독자를 달콤하고 자극적인 맛에 취하게 해서 저속한 가치관 속으로 끌고 가는 경우다. 그래서 현명한 독자라면 책을 읽고 난 후에 '이 책이 나를 어떤 방향으로 이끌었는가'에 대하여 자문해 보아야 한다.

특히 어린이나 청소년의 책 읽기에서 이런 확인은 매우 중요하다. 우리가 읽는 책 중에는 베스트셀러라는 것이 있다. 베스트셀러가 되는 시기는 책마다 다르다. 어떤 책은 나오자마자 베스트셀러가 되기도 하지만, 어떤 책은 한참을 주목받지 못하다가 베스트셀러가 되는 경우도 있다. 또 어떤 책은 그 작가가 죽은 다음에야 베스트셀러가 되기도 한다.

출간된 책이 베스트셀러가 되는 시기는 작가의 기대지평과 독자의 기대지평이 언제 만나느냐에 달려 있다. 작가와 독자의 기대지평이 일치하면 책은 나오자마자 많이 팔릴 것이고, 그렇지 않을 경우에는 기대지평이 일치할 때까지 기다려야 한다.

예를 들어 이광수의 《무정》이나 정비석의 《자유부인》은 발표되자마자 빛을 본 작품들이다. 그러나 이상의 《날개》는 작가가 사망하고 30년이 지난 후에야 영광을 보게 된 작품이다.

외국의 경우에도 허먼 멜빌의 《백경》은 작가 생전에는 출판사에서 문전 박대를 당하다가, 그가 죽은 지 100년 후에 어느 출판사 창고에서 원고가 발견되어 세계명작이 되었다. 스콧 피츠제럴드의 《위대한 개츠비》도 작가 생전에는 250권밖에 팔리지 않은 작품이다. 그러나 그가 죽은 후 우연한 기회에 유명 작가 헤밍웨이가 좋은 작품이라고 언급하자마자 베스트셀러가 되어 지금까지 세계 각국에서 꾸준히 베스트셀러를 차지하고 있다.

대개의 독자들은 사려 깊지 못하다. 그래서 좋은 책을 몰라보기도 하고, 나쁜 책을 좋은 책으로 여기며 열광하기도 한다. 그래서 "한 시대의 독서 수준을 이끌어 가는 것은 작가가 아니라 독자"라는 말이 돌기도 한다. 작가가 아무리 좋은 작품을 내놓아도 독자들이 읽지 않으면 그 작가는 붓을 꺾을 수밖에 없다. 그러나 저질 작품도 독자들이 많이 사 주면 그 작가는 활발하게 작품 활동을 하게 된다.

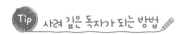
Tip 사려 깊은 독자가 되는 방법

1 이 책을 읽기 전과 읽은 후의 나를 관찰한다.
2 이 책을 읽고 나서 내가 한 생각을 정리해 본다.
3 이 책을 읽지 않았더라면 놓쳤을 것이 무엇인가 생각해 본다.
4 이 책을 누구에게, 왜 권해 주고 싶은지 생각해 본다.
5 이 책은 앞으로 어떤 아이를 어떤 방향으로 성장시킬까 예상해 본다.

사업가처럼
책을 경영하라

가끔 자녀가 어느 특정한 책 한 권만 읽는다며 고민하는 부모를 만난다. 의외로 그런 아이들이 꽤 많다.

어떤 어머니는 자녀가 《엉뚱이 소피의 못말리는 패션》이라는 동화만 벌써 두 달째 읽고 있다고 했다. 물론 그 책은 불량 서적이 아니고 매우 훌륭한 책이지만, 한 책만 두 달째 읽으니 시간이 아깝다고 했다. 그 어머니는 책으로부터 아이를 떼 놓을 수 있는 방법을 알아보고자 나를 찾아온 것이다.

아이들은 자기 마음에 딱 맞는 책을 발견하면 읽고 또 읽는다. 여러 가지 종류의 다양한 책을 골고루 읽어야 하는데, 책 하나만 붙잡고 놓질 않으니 문제다. 이런 아이를 위한 독서법으로 사업가처럼 책의 네트워크를 이용하는 방법을 권한다.

기업인으로 성공한 사람들의 공통된 특징 중 하나는 관계지수 Network Quality가 높다는 것이다. 관계지수란 많은 사람을 알고 있으면서 그 사람들과의 관계를 통하여 무언가를 이루어 내는 능력을 뜻한다.

아이들은 그저 책을 읽을 뿐 그것을 쓴 작가에 대해서는 잘 모른다. 그들은 책장을 열고 책 속으로 들어갔다가 뒤표지를 덮으면서 나온다. 그 책이 맘에 들면 반복해서 읽는다. 그게 전부다. 엄마의 입장에서는 책을 싫어하던 아이가 모처럼 좋아하는 책이 생겼는데, 그 책을 뺏을 수도 없는 노릇이다. 이런 경우 다른 책으로 건너가기 위해서는 같은 작가가 쓴 다른 작품을 내세우면 된다.

"《엉뚱이 소피의 못말리는 패션》을 누가 썼는지 아니? 수지 모건스턴이라는 사람인데, 그 분은 다른 책도 많이 썼단다.《공주도 학교에 가야 한다》,《공주는 등이 가려워》,《우리 선생님 폐하》…. 정말 많은 책을 썼어."

그러면 아이는 눈을 반짝이며 다른 책들도 읽고 싶어 할 것이다. 이제 다음 책을 만나러 도서관이나 서점에 가기만 하면 된다.

아이의 독서 의욕을 지속적으로 유지시키기 위해서는 책과 책 사이의 네트워킹을 이용하는 방법이 매우 효과적이다. 그리고 이렇게 한번 책과 책 사이의 네트워킹을 경험한 아이는 다른 좋은 책을 만났을 때 그 작가의 다른 책을 찾아보면서 엄청난 독서력을 자랑하는 아이로 자라난다.

동일한 작가의 책뿐만 아니라 비슷한 주제를 다룬 책으로 네트워킹을 할 수도 있다. 예를 들어 아이가 빠진 책이 환상적인 분위기의 책이라면 그와 비슷한 책을 소개하고, 탐정물이라면 같은 소재를 다룬 다른 탐정물을 소개한다.

Tip 부모가 책과 책의 네트워킹을 파악하는 법

1 책과 책을 연결시키려면 아이의 눈높이에 맞는 책을 많이 알고 있어야 한다.
2 출판사의 책 목록을 모아 두고 읽어 보면 책 네트워킹을 조금 쉽게 할 수 있다.
3 비슷한 주제의 책을 알아내는 방법으로 아이들에게 'ㅇㅇㅇ 책 본 사람'을 물어보는 방법이 있다. 그러면 아이들은 눈을 반짝이며 그와 비슷한 책을 말할 것이다.

좋아하는 아이가
읽는 책은 언제나 맛있다

아이들에게 맛있는 책은 친구가 읽는 책이다. 그중에서도 자기가 좋아하는 친구가 읽는 책이 제일 맛있다. 읽고 나서 친구와 함께 책 이야기를 나눌 수 있고, 다른 이야기나 놀이를 할 때 친구와 더 잘 통할 수 있기 때문이다. 친구가 읽는 책의 수준이 높아서 자신이 이해할 수 없어도, 좋아하는 친구에게 들킬까 봐 재미있는 척 하며 열심히 읽으려고 노력하기도 한다. 이렇게 좋아하는 친구가 읽는 책은 아이가 독서 흥미를 되찾는데 묘약이 된다.

"만약 당신이 무인도에 갈 때 가져갈 수 있는 것이 오직 책 세 권뿐이라면, 당신은 어떤 책을 선택하겠는가?"

이런 질문은 상대방이 어떤 사람인가를 알아볼 수 있는 척도가 된다. 그 사람이 몇 번이고 다시 읽고 싶은 책이 무엇인가를 안다면 그의 내면세계 절반은 알아낸 것이나 마찬가지이기 때문이다. 좋아하는 책의 종류를 보면 그 사람의 흥미 영역을 알 수 있고, 내용의 질적 수준을 보면 그의 정신적 품격을 알게 된다. 즐겨 읽는 책은 바로 그 사람 자체다.

실제로 같은 종류의 책을 읽은 아이들은 서로 재미있게 대화하고 거의 충돌하지 않는다. 그러나 전혀 다른 책을 읽는 아이들끼리는 대화가 막히고 충돌이 자주 일어난다. 이런 현상은 바로 책이 가치관을 만든다는 원리로 해석할 수 있다.

내 아이가 좋아하는 친구가 책 읽기를 좋아한다면 엄청난 행운이다. 내 아이도 그 아이를 따라 책 읽기를 좋아하게 될 것이기 때문이다. 그러니 자녀가 책 읽기 좋아하는 아이와 친구가 될 수 있게 부모가 이끌어 주는 것이 좋다. 한발 더 나아가 좋은 책을 많이 읽는 아이와 친구가 되게 하는 것이 더 바람직하다.

이 원리를 이용하면 책을 좋아하는 친구와 가까워질 수 있는 방법이 보인다. 다름 아닌 그 친구가 읽는 책을 우리 아이도 읽는 것이다. 같은 책을 읽고 친구와 이야기를 나누다 보면 공감대가 형성되고 그 공감대는 친밀감으로 발전한다. 친구와의 친밀감은 독서를 계속할 수 있게 만드는 원동력이 된다.

5장

공부머리를 완성하는
독서 전략 4단계

공부가 즐거워지는
읽기 방법

모르는 어휘
짐작하며 읽기

　　　　　　　　　　　글씨를 읽는다는 것과 문장을 읽
는다는 것 사이에는 강이 흐른다. 이 강은 지금까지 자라면서 아이
가 습득해 온 언어 능력에 따라 깊을 수도 있고 얕을 수도 있다. 또
강의 깊이와 물살은 어휘력, 문장 이해 능력, 줄거리 알기 능력, 요약
능력, 핵심 파악 능력 등 언어 능력 중에서 어떤 능력이 높거나 낮은
지에 따라 달라진다.

　아이들 중에는 책 읽기 습관은 되었는데, 이 강을 건너지 못하고
강변에서 주저앉는 아이들이 있다. 예를 들어 하루에 책을 10권씩
읽지만, 책의 내용을 정확하게 이해하지 못하는 '설렁설렁' 독자들
이다.

　책 읽기에서 가장 중요한 것은 어휘를 이해하는 것이다. 많은 사

람이 모르는 어휘가 나오면 책 읽기를 포기하고 만다. 그러나 사실 그럴 필요가 없다. 그 양이 너무 많지만 않다면 모르는 어휘는 오히려 책 읽기의 자극제가 되고 재미가 된다.

반대로 책에 있는 어휘를 다 알고 있다면 책 읽기는 매우 쉽다. 하지만 아는 어휘만 나오는 책은 읽기는 쉬워도 재미는 없다. 독서의 재미는 언어적 추측 게임에서 오는데, 책 속에 나오는 어휘를 100% 다 안다면 언어적 추측 게임이 일어나지 않아 독서가 싱거워진다. 모르는 어휘가 20~30% 정도 섞여 있을 때 언어적 추측 게임이 활발하게 일어나 책이 더욱 재미있어진다.

이때 모르는 어휘를 처리하는 방법이 바로 '짐작하며 읽기'다. 이 방법을 사용하면 책 읽기가 훨씬 즐거워진다. 모르는 어휘를 짐작하고 맞추면서 독서를 계속 이어 나갈 수 있기 때문이다.

이제까지 아는 어휘는 아는 채로, 모르는 어휘는 모르는 채로 읽었는가? 그렇다면 오늘부터 모르는 어휘는 짐작하여 그 뜻을 책 옆에 써 보자. 이렇게 애벌 읽기를 해 놓고 다시 사전을 찾아 짐작한 뜻을 확인해 본다. 자신이 짐작한 뜻이 어느 정도 맞으면 쾌감을 느낄 수 있다. 설령 엉뚱한 뜻으로 짐작했더라도 다시 분발하게 된다.

'별로'라는 어휘를 예로 들어 보자. 요즘 아이들에게 자주 쓰는 '별로'라는 어휘가 정확히 무슨 뜻일지 짐작해 보라고 했더니 '못생겼다, 시시하다, 값싸다, 나쁘다'라고 말했다. 그러나 실제 사전을 찾아보면 '별別나다, 특별하다'라는 뜻이다. 이 사실을 알고 나자 아이들은 그동안 자신이 어휘를 너무도 잘못 사용해 왔다며 깊이 탄식했다. 아이에게 이러한 지적 자극이 자주 일어나면 책을 읽으면서 어휘에 관심을 갖게 된다.

Tip 어휘력을 높이는 방법 ✎

1 아이가 책을 읽다가 모르는 단어를 물어보면 즉시 대답해 주지 말고, "글쎄, 네가 짐작해 보렴" 하면서 아이에게 생각할 시간을 준다.

2 아이가 짐작한 의미를 말하면 사전을 찾아 같이 확인한다. 아이가 맞히면 동그라미, 틀리면 가위, 반쯤만 맞히면 세모를 표시하자. 아이가 어휘에 가지는 관심이 높아진다.

3 부모가 의식적으로 고급 어휘를 사용한다. 그러면 아이는 부모가 쓰는 어휘의 뜻을 자연스럽게 익히게 된다.

줄거리를 구슬처럼
꿰며 읽기

초등학교 저학년 어린이에게《토끼와 거북》을 읽게 한 다음, 무슨 이야기가 쓰여 있느냐고 물으면 다음과 같이 대답할 것이다.

"토끼와 거북이 달리기 경주를 했어요."
"토끼는 빨리 달리고, 거북은 느리게 기어갔어요."
"토끼는 낮잠을 자고, 거북은 열심히 기어갔어요."
"그래서 거북이가 이겼어요."

위 네 문장을 구슬처럼 꿰면《토끼와 거북》의 줄거리가 된다. 독해의 가장 초보적인 기능은 줄거리 읽기다. 독자는 글을 읽을 때 작가가 써 놓은 내용을 가지고 구슬 목걸이를 만들 듯 꿰어 가며 글의 줄거리를 만든다. 이 활동으로 독자는 글을 대강 짐작할 수 있다.

하지만 어떤 독자도 100페이지나 200페이지의 긴 글을 하나도 빠짐없이 이해하거나 기억할 수는 없다. 내용 중에서 취사선택하여 이해하고 기억할 뿐이다. 이때 취사선택의 가장 중요한 기준은 사건이다.

독자의 머릿속에 사건이 저장되는 순서가 책의 순서와 똑같지는 않다. 책의 내용 순서는 '현재 → 대과거 → 중과거 → 과거 → 현재'로 기술되어 있더라도 독자의 머릿속에 저장되는 줄거리의 순서는 '대과거 → 중과거 → 과거 → 현재'로 자리매김된다.

즉 줄거리 읽기란 책의 내용을 시간적 순서에 따라 재배치하는 독특한 읽기 방법이다. 특히 줄거리 읽기는 '원인과 결과의 법칙'에 지배를 받아 인과관계의 틀을 유지하게 되므로, 줄거리를 기억할 때 원인과 결과가 다르면 그 줄거리는 헛수고가 되고 만다.

Tip 줄거리를 잘 꿰는 방법 ✎

1 아이가 줄거리 만들기를 힘들어하거나 뽑아낸 줄거리가 어설플 때는 누가, 언제, 어디서, 무엇을, 어떻게, 왜 했다는 육하원칙의 내용을 책 속에

서 손가락으로 짚어 보게 한다.

2 아이가 책 속에서 뽑아낸 줄거리를 공책에 순서대로 사슬 그림으로 나타
  내게 한다.

3 아이가 시간적 순서에 맞추어 만든 이야기를 다른 사람에게 말로 전하게
  한다.

내용을 요약하며 읽기

'바늘허리 매어 못쓴다.'

'첫술 밥에 배부르랴.'

'가는 말이 고와야 오는 말이 곱다.'

　　　　　　　　　　예부터 내려오는 속담을 보면 짧은 문장 속에 들어 있는 그 무한한 의미에 감탄하지 않을 수 없다. 우리나라 학생들에게 속담을 주고 그 안에 담긴 뜻을 모두 이야기해 보라고 하면 대부분의 학생들이 어려움 없이 정확하게 말한다. 그런데 긴 글을 주고 속담처럼 한 문장으로 짧게 요약하라고 하면 매우 어려워한다. 그 이유는 무엇일까?

　요약하는 기술은 우리 생활에서 끊임없이 요구된다. 남의 말을 들을 때나, 책을 읽을 때나, 학교에서 공부를 할 때나 한마디로 짧게 줄여서 머릿속에 저장해야 한다. 그런데 그것을 어려워한다면 독서하거나 공부할 때는 물론 생활할 때도 심각한 장애가 일어난다.

요약하며 읽기는 나열되거나 대립되어 있는 내용을 통일하여 하나의 의미로 정립하는 종합적 사고력을 요구한다. 종합적 사고력이 발달한 사람은 한 권의 책을 한마디 말로 요약할 수 있다. 반면 종합적 사고력이 발달하지 못한 사람은 짧게 요약하지 못하고 되숭대숭하며 길게 말한다. 다시 말해 읽을 것을 요약할 수 있어야 제대로 읽은 것이 된다.

요약하며 읽기는 학교 공부에 중요한 방법이 된다. 중심 내용 알기, 주제 찾기 등의 학습 방법은 모두 이 요약 능력을 필요로 한다. 우리가 책의 내용을 기억할 때 문장을 있는 그대로 암기하려면 잘되지 않지만, 한마디로 뭉뚱그려 암기하면 금방 외울 수 있을 뿐만 아니라 그 기억이 오래도록 지속된다. 요약하기는 글을 기억하기 편리한 형태로 만들어 준다.

요약하기는 주어진 글을 짧게 정리하는 것이다. 원칙적으로는 원문의 내용에서 빗나가지 않게 짧게 줄이는 것이 중요하다. 내용은 그대로 유지하면서 짧게 줄여 글 속에서 중요한 요소를 뽑을 수 있어야 한다.

요약 속에는 글을 비판하거나 해석하는 등의 자신의 의견을 넣어서는 안 된다. 요약하기는 초등학교 3학년부터 성인에 이르기까지 우리 모두에게 언제, 어디서나 필요한 능력이다.

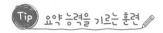

Tip 요약 능력을 기르는 훈련

1 책을 읽으며 중요한 곳에 표시한다.
2 책을 읽으며 중요하지 않은 곳에 표시한다.
3 내용을 100자 → 50자 → 30자 → 10자 순으로 점점 짧게 줄여 본다.
4 짧게 줄인 내용에 자신의 의견이 있는지 살펴본다.
5 의견이 들어갔으면 빼낸다.
6 한 번만 들어도 어떤 내용인지 짐작할 수 있는 제목을 붙여 본다.

키워드에
표시하며 읽기

두 사람이 같은 영화를 관람했다. 그들에게 각각 어떤 영화를 보았는지 이야기해 달라고 했을 때 정확하고 재미있게 전달하는 사람이 있는가 하면, 무슨 내용인지 전혀 알 수 없게 전달하는 사람도 있다. 교사나 교수 중에도 어려운 이론을 귀에 쏙쏙 들어오게 강의하는 사람이 있는가 하면, 중언부언해서 무슨 말인지 핵심을 파악하기 어려운 경우도 있다.

이것은 키워드Key-word를 아느냐 모르느냐의 차이다. 즉 키워드를 말하는 사람은 이야기를 정확하고 재미있게 전달할 수 있지만, 키워드를 놓친 사람의 이야기는 모호하고 재미가 없다.

키워드 읽기는 긴 글을 보다 정확하게 읽기 위한 독해의 한 방법이다. 키워드를 찾는 능력이 부족한 아이는 오랜 시간 글을 읽어도 글 속에 있는 내용을 머릿속에 정리할 수 없다. 이런 아이는 중요한 것과 중요하지 않은 것을 구분하지 못해 각종 시험에서 높은 점수를 받지 못한다. 놀지 않고 책상에 오래 앉아 공부만 하는 데도 성적이 좋지 않은 아이들은 대개 책을 읽을 때 키워드를 놓치는 아이들이다.

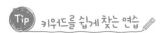 Tip 키워드를 쉽게 찾는 연습

1 짧은 글 속에서 중요하지 않은 낱말이나 문장에 표시한다.
2 짧은 글 속에서 키워드나 키 문장을 찾아내어 표시한다.
3 키워드로 고른 낱말을 공책에 쓴 다음, 다른 사람에게 이야기해 준다.
4 설명문이나 논설문 속에서 중요한 명사나 키워드를 골라내 본다.

한 번만 읽어도 기억에 남는
화가처럼 읽기

　　　　　　　　독일의 심리학자 에빙 하우스는 '망각곡선'이라는 기억 이론을 주장했다. 완벽히 기억했다고 여기던 내용도 시간이 흐름에 따라 점차 잊게 되는데, 이 속도에 대한 이론이 바로 망각곡선이다. 망각 속도는 초기에는 빠르게 진행되고 후반부로 갈수록 느려진다. 시험공부를 열심히 한 아이의 망각 속도가 빠르게 나타난다면 그 공부는 헛공부가 될 것이다. 그렇다면 어떻게 망각 속도를 늦출 수 있을까?

　책을 읽을 때 문자를 이미지와 영상으로 바꾸면 아주 재미있는 독서가 된다. 재미만 있는 것이 아니라 책 내용이 훨씬 뚜렷하게 오랫동안 기억된다. 이렇게 문자의 내용을 이미지와 영상으로 바꾸는 기억법을 '화가처럼 읽기'라고 한다.

화가처럼 읽기는 연상 작용을 활용한 기억법이다. 화가가 떠오르는 이미지를 그림으로 그리듯이 책 속에서 만나는 사건을 이미지로 전환해 보는 읽기 방법이다. 이미지로 전환된 기억은 아무리 복잡하고 어려워도 쉽게 기억할 수 있다.

아이가 이순신 장군의 일대기를 읽는다고 가정해 보자. 작품에는 이순신 장군이 일본 함대를 '학익진 전법'으로 유인하여 격파했다는 이야기가 실려 있다. 아이에게 그저 '학익진 전법'이라고만 설명하면 나중에 기억하지 못할 게 뻔하다. 하지만 학이 날개를 펴고 일본 함대를 유인하는 장면을 상상하며 읽게 하면, 그렇지 않은 아이들보다 망각 곡선이 둔화될 것이다.

책 속에 나온 장면을 머릿속에 그린다고 해서 모두 동일한 효과를 내는 것은 아니다. 상상력의 정도에 따라 그 효과도 비례한다. 즉 생생하게 상상하느냐, 희미하게 상상하느냐에 따라 기억의 강도와 기억의 내용, 망각 속도가 달라진다. 그러므로 화가처럼 읽기 위해서는 먼저 상상력을 길러야 한다.

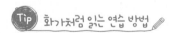
Tip 화가처럼 읽는 연습 방법

1 책을 읽으면서 줄거리만 읽지 않고 장면들을 머릿속에 그려 본다.

2 장면을 상상할 때에는 모양과 색깔, 소리와 향기까지 구체적으로 상상해 본다.

3 잠깐 상상하면 머릿속에서도 빨리 사라진다. 조금 더 오래 상상하면 더 생생하게 기억된다.

4 빨리 읽을 때보다 슬로 리딩을 할 때 더 오래 기억된다.

주제 찾기가 쉬워지는
군인처럼 읽기

전쟁 영화를 보고 나면 세상이 아군과 적군의 대립 구조로 이루어진 것처럼 느껴진다. 실제 이런 대립 구조는 주변에서 쉽게 볼 수 있다.

최근 우리 사회는 성평등 문제로 남성과 여성이 대립 구조를 이루고 있다. 또한 어른과 아이의 세대 차이, 여당과 야당의 정치 싸움, 갑과 을이 된 고객과 상인이 사회 곳곳에서 대립을 이룬다. 대립 구조는 어쩌면 세상을 이루는 기본 요소일지도 모르겠다.

대립 구조는 작품 속에도 있다. 아니 모든 책 속에 있다. 한 권의 책은 독자가 그 대립 구조를 이해했을 때에 비로소 진정한 모습을 드러낸다. 책 속에 담긴 대립 구조를 파악하면 글의 의미가 확실하게 보인다. 줄거리 읽기가 글의 내용을 시간화하는 일이라면, 군인처럼 읽기는 글의 내용을 구조화하고 공간화하는 일이다.

문학작품을 읽을 때 그 작품이 가지고 있는 구조를 찾아내면 주제가 쉽게 모습을 드러낸다. 예를 들어《흥부전》은 선과 악의 이항 대립 구조가 돋보이는 작품이다. 선의 표상인 흥부는 빛과 성공, 착함, 양보를 상징한다. 악의 표상인 놀부는 욕심과 어둠, 패망, 후회의 상징이 된다.《흥부전》을 읽으면서 작품의 대립 구조를 찾아 공간화해 보면 그 주제가 '권선징악'임이 환히 보인다.

책을 읽으며 이렇게 글의 구조를 공간화하여 이해하면 아무리 복잡하고 어려운 글이라도 주제를 쉽게 찾을 수 있다.

Tip 글의 대립 구조를 찾기 좋은 작품

1 《콩쥐팥쥐》 → 착함 : 심술

2 《흥부전》 → 착함 : 욕심

3 《별주부전》 → 꾀 : 우직함

4 《톰 아저씨의 오두막》 → 동정심 : 잔인성

5 《바보 이반》 → 양보 : 욕심

6 《레 미제라블》 → 양심 : 부정

7 《우리들의 일그러진 영웅》 → 개혁 : 보수

글의 구성 규칙을 발견하는
수학자처럼 읽기

　　　　　　　　고대 그리스의 수학자이자 물리학자인 아르키메데스의 원리는 누구나 익히 알고 있을 것이다. 어느 날 아르키메데스가 목욕을 하려고 목욕탕 안으로 들어갔다. 탕 안에 가득 차 있던 물이 밖으로 흘러넘치는 순간 그는 깨달았다.

　"어떤 사람이든지 자기 몸의 부피와 같은 부피의 물을 흘러넘치게 한다."

　수학에서 부피를 재는 법칙인 '아르키메데스 원리'는 이렇게 발견되었다. 물이 가득 찬 목욕탕에 들어가면 물은 으레 흘러넘친다. 그 일은 아르키메데스에게만 일어난 것이 아니다. 이전에도 목욕을 하는 사람이라면 누구나 경험한 일이다. 그러나 그 법칙은 아르키메데스만 발견했다.

모든 사람이 책을 읽는다. 하지만 독서 속에 단단히 감추어진 규칙을 발견하는 독자는 그리 많지 않다. 규칙을 발견하는 독자와 그렇지 못한 독자의 기쁨은 매우 다르다. 규칙을 발견한 독자는 아르키메데스와 같이 희열을 느끼게 된다. 그 희열의 이름은 무엇일까?

한 아이가 전래동화를 읽는다고 가정해 보자. 아이는 '중요한 사건이 세 번씩 반복되는구나, 보통 삼 형제가 등장하네, 형은 욕심꾸러기이고 동생은 착해, 전래동화엔 왜 이런 규칙이 있는 것일까?' 하는 생각을 하며 책을 읽는다. 그렇다면 이 아이는 수학자처럼 책을 읽은 것이다. 아이는 아르키메데스처럼 나름의 규칙을 발견했다. 책속에 있는 규칙을 발견하는 것은 독자에게 희열을 준다. 눈에 보이지 않는 것을 찾아낸 희열, 이것을 '추상화의 희열'이라고 한다.

책 속에서 규칙을 발견하려면 수학자처럼 논리적인 눈이 있어야 한다. 작품 속에 산재해 있는 사건들 속에서 논리성을 이루고 있는 규칙을 발견할 줄 알아야 한다. 수많은 주인공 중에서 그들이 가지고 있는 속성만을 빼 행동을 이루는 규칙을 발견해야 한다.

Tip 문학작품에 주로 나타나는 규칙

1 **전래동화** – 삼세번의 규칙, 점점 커지기의 법칙, 점점 작아지기의 법칙.

2 **고전문학** – 인과응보의 규칙, 권선징악의 규칙.

3 **탐정소설** – 반전의 규칙.

4 **변신담** – 허물벗기의 규칙.

5 **우화** – 빗대어 말하기의 법칙.

글의 뼈대를 발견하는
의사처럼 읽기

병원에 가서 엑스레이나 CT 촬영을 하면 우리 몸의 뼈대가 보인다. 큰 뼈를 중심으로 작은 뼈들이 이어진 모습의 필름을 걸어 놓고 의사는 환자에게 건강 상태를 설명한다. 몸의 뼈대를 보면 건강 상태가 한눈에 보이기 때문이다.

책 속에도 뼈대가 있다. 앞표지와 뒤표지 사이에 골격이 숨어 있다. 우리의 몸이 뼈대 위에 붙은 근육과 피부로 이루어진 것처럼, 책도 골격 위에 문장과 표현이라는 의상을 걸치고 독자 앞에 나타난다. 책을 읽을 때에는 내부에 숨어 있는 골격을 찾아야만 책을 완벽하게 이해할 수 있다.

독자가 책의 골격을 찾아내기 위해서는 엑스선과 같이 투시할 수 있는 눈으로 책을 읽어 내야 한다. 이때 필요한 것이 분석적 읽기 방법이다. 분석적 사고란 언뜻 보기에는 하나처럼 통일되어 보이는 개념이나 사물을 다양한 속성과 요소로 분해하여 이해하는 생각의 한 방법이다.

우리가 글을 읽는 것은 그 속에 담겨 있는 주제를 알기 위한 것이다. 그러나 그 주제가 쉽게 독자 앞에 모습을 드러내진 않는다. 주제를 알기 위해서는 글을 부분 부분 나누어 살펴보아야 한다. 이러한 읽기를 분석적 읽기라 한다.

우리가 읽는 책 중에는 한마디로 뭉뚱그려 이해할 수 없는 종류가 있다. 설명문이나 역사물과 같이 사실에 근거한 책들은 하나의 주제나 하나의 논지로 묶여 있지 않다. 낱낱의 지식과 사실들이 어떠한 구조 속에 통일체를 이루고 있기 때문이다. 따라서 이런 글들은 분석적 사고를 동원하여 부분과 부분의 관계, 단어와 단어의 관계, 글의 짜임과 구조를 분석하여 볼 때 더 잘 이해할 수 있게 된다.

효자가 등장하는 책을 읽는 상황으로 예를 들어 보자. 책을 읽으며 '아, 이 책은 부모에게 효도해야 한다는 내용이구나'라고 단순하게 이해하는 것은 바람직하지 않다. 부모에게 효도해야 하는 이유와 효도 방법, 효도의 역사적 변천 및 효도의 결과 등을 분석해 보면 글 전체의 내용을 더 쉽게 파악할 수 있다.

Tip 책의 뼈대를 쉽게 찾는 분석적 읽기에 필요한 활동 ✎

1 '이 글은 무엇에 대한 글인가?'를 생각하며 읽는다.

2 읽고 나서 글의 아웃라인Out-line(상세한 내용을 제외한 전체적인 구조와 개괄적 내용)을 한 문장으로 적는다.

3 글의 짜임을 알아본다.

4 사건의 원인과 결과를 알아낸다.

5 저자의 의도를 알아낸다.

6 저자가 사용하는 어휘에 주의를 기울인다.

7 핵심 단어와 핵심 문장을 찾아낸다.

글의 설계도를 그려 보는
건축가처럼 읽기

　　　　　　　큰 건물의 설계도를 보면 그 건물
의 모양을 한눈에 알 수 있다. 100층짜리 빌딩도 설계도를 보면 방
들의 모양과 위치와 구조가 보인다. 책도 마찬가지다. 책은 활자로
만 이루어져 있지만 그 설계도를 볼 수만 있다면 다 읽지 않아도 대
략의 내용을 알 수 있다.

　그러나 건축가와는 달리 책을 쓰는 저자들은 자신의 책 설계도를
세상에 공개하지 않는다. 책을 읽고 설계도를 그려 내는 일은 독자
의 몫이다. 어떤 글을 읽고 그 설계도를 그려 내는 읽기를 '건축가처
럼 읽기'라고 말한다.

　이 방법은 글 속에 들어 있는 아이디어나 중요한 개념의 의미 관
계를 머릿속으로 따지며 읽는 독해 방법이다. 의미 관계를 따져 본

다는 것은 글의 내용을 선형Linear과 비선형Nonlinear의 입체적 표상으로 시각화하는 방법이다.

　미국의 인지심리학자 존 로버트 앤더슨은 인간의 기억 속에 저장된 정보는 문장이 계속적으로 이어지는 것처럼 왼쪽에서 오른쪽으로, 즉 선형적인 형태로 조직되는 것이 아니라고 말한다. 대신 모든 정보가 서로서로 잘 연결된 그물망 형태Network로 되어 있다는 것이다.

　예를 들어 독자가 '스피츠는 불도그보다 작다'는 문장을 읽을 때, 독자는 머릿속에서 스피츠와 불도그의 관계를 다음과 같이 시각화하게 된다.

　　스피츠 〈 불도그

　그런데 만약 관계 짓기 그림이 잘못되어 '스피츠 〉 블도그' 혹은 '스피츠 = 불도그'가 된다면 독해에 문제가 생긴다.

　건축가처럼 읽기는 유사점 찾기, 비교하기, 순서 찾기, 인과관계 따지기 등의 방법을 사용하여 책이나 글의 내용을 시각화하는 방법이다. 일단 글이나 책의 내용을 시각화하면 아무리 어려운 글도 쉽게 정복할 수 있다.

글의 내용을 시각화하여 글의 설계도를 그리는 방법

1 먼저 책을 읽고 나서 전체의 내용을 공간 속에 배치해 본다.

2 건물 설계도 속에 큰방, 작은방, 거실, 주방의 위치가 있듯이 책의 주요 내용을 배치해 본다. 그러면 중요한 내용과 덜 중요한 내용이 확실하게 구분된다.

3 그린 설계도를 머리에 입력시킨다. 이렇게 하면 교과 공부를 할 때 그 내용이 더 오랫동안 기억된다.

중요한 내용에 밑줄 치며 읽기

　　'공부 잘하는 학생들의 특징'을 연구하던 시절, 나는 서울 강남의 G고등학교에 들른 적 있다. 한 학급에 들어가 학생들을 모두 밖으로 내보낸 다음 그들의 교과서를 살펴보았다. 그리고 학급 담임에게 공부를 잘하는 학생과 잘하지 못하는 학생의 이름을 말했다. 교사는 그걸 어떻게 아느냐며 깜짝 놀랐다. 나는 교과서에 밑줄 친 것만 보아도 알 수 있다고 말했다.

　　그렇다. 교과서에 밑줄 친 것만 보면 공부 잘하는 학생인지 아닌지를 알 수 있다. 공부 잘하는 학생은 핵심 내용 밑에 줄을 치고 그렇지 못한 학생은 중요하지 않은 곳에 줄을 친다. 핵심 내용에 밑줄을 치고 외웠다면 시험을 잘 보았을 것이다. 반면에 핵심 내용이 아닌 곳에 밑줄을 쳤다면 밤새도록 외었어도 시험지를 앞에 두고 한숨만 쉬웠을 것이다.

책을 읽다가 핵심 내용이라고 생각되는 곳을 발견하면 우리의 뇌는 기억해야겠다고 판단한다. 그래서 우리는 밑줄을 치게 되고, 밑줄을 치는 동안 그 내용을 다시 한 번 머릿속에 각인한다. 따라서 밑줄을 치며 읽는 것은 그냥 읽는 것보다 공부하는 데 더 효과적이다.

밑줄을 긋는 것은 자신을 적극적으로 책 속 내용과 연결시키는 행동이다. 단지 책을 읽기만 하는 수동적 독서는 독자에게 아무 변화를 일으키지 않는다. 어디에 밑줄을 그을지 생각하면서 읽을 때에 비로소 적극적인 독서 행위가 시작된다.

그렇게 자신의 판단에 의해 밑줄 그은 책은 나중에 다시 읽어 보면 막강한 힘을 발휘한다. 처음 읽었을 때 들인 노력이 10이라면, 다시 읽을 때는 그 몇 분의 일의 힘도 들이지 않고 내용을 파악할 수 있기 때문이다.

실제로 밑줄을 그을 때는 판단과 용기가 필요하다. 밑줄에는 자신의 가치관이나 판단이 드러나고 책 위에 영원히 남기 때문이다. 그래서 밑줄을 그을 때는 다른 사람이 볼 수도 있다는 생각에 부끄러운 마음도 든다. 그러나 용감하게 밑줄을 긋고 기억하다 보면 책을 정복할 수 있는 능력이 생긴다.

《공부의 왕도》에서 소개하는 강지원 변호사의 공부 비법 속에 이런 말이 나온다.

"제 책에는 줄을 그으면서 읽어 나간 흔적이 많아요. 꼬박꼬박 한 글자도 빼지 않고 읽어요. 그래서 읽는 데 시간이 많이 걸리는 편입니다."

정독하기로 유명한 강지원 변호사의 공부 방식이다. 그는 꼭꼭 씹어 먹듯이 천천히 읽는 정독과 밑줄 긋기에서 공부의 왕도를 발견했던 것이다.

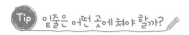 Tip 밑줄은 어떤 곳에 쳐야 할까?

1 핵심 어휘에 친다.
2 중요한 문장에 친다.
3 즉각적으로 이해되지 않아 다시 한 번 볼 곳에 친다.
4 좋은 문장 아래에 친다.
5 친구나 가족에게 읽어 주고 싶은 곳에 친다.
6 기억하고 싶은 문장에 친다.
7 시험에 출제될 것 같은 내용에 친다.

언간까지 읽어 내는
공자님처럼 읽기

공자의 제자들은 언제, 어디서나 스승님의 책을 금방 알아볼 수 있었다. 왜냐하면 죽간을 묶은 가죽끈이 나달나달 떨어져 여러 번 다시 이은 책은 공자의 책밖에 없었기 때문이다. '공자님은 왜 그렇게 책을 험하게 다루실까?' 하고 많은 사람들이 궁금하게 여겼다. 그러나 수제자들은 알고 있었다. 공자는 책을 한 번 보고 마는 게 아니라 보고 또 보고, 생각하며 보고, 죽간의 가죽끈이 끊어질 때까지 읽었던 것이다.

언제나 남아수독오거서男兒須讀五車書를 강조한 공자는 정작 다섯 수레의 책을 소유하지는 못했다. "남자라면 모름지기 다섯 수레의 책은 가지고 읽어야 하거늘"이란 의미의 이 문장은 중국 춘추전국시대에 위나라 정치가 혜시惠施와 장자莊子의 일화에서 찾을 수 있다. 혜

시가 다섯 수레의 책을 가지고 있는 것을 보고 그와 벗하는 장자가 부러워한 나머지 시로 읊은 말이다. 공자는 책을 많이 읽어야 한다는 것을 강조하며 제자들에게 장자의 시구를 자주 인용했고, 그로 인해 유명해진 말이다.

책이 많은 혜시는 공자만큼 박식하지도 않고 업적도 많이 남기지 못했다. 책이 조금밖에 없던 공자는 한 권을 읽고 또 읽어 지식과 철학의 대가가 되었다.

공자는 반복 읽기를 통하여 글자 읽기를 거쳐 언간 읽기의 경지에 도달했다. 그러니까 공자는 단어나 문장 읽기에 그치지 않고 단어와 단어 사이, 문장과 문장 사이의 의미를 파악하는 읽기 방법을 썼던 것이다.

"선생님, 책은 어떻게 읽어야 합니까?"

어느 날 공자의 제자 자로子路가 물었다. 공자가 대답했다.

"책은 언간言間을 읽어야 한다. 그래야 비로소 문리文理가 트인다."

공자처럼 읽기를 실천한 사람은 세종대왕이다. 세종은 세자 시절에 책을 많이 읽어서 항상 눈이 충혈되고 안질에도 자주 걸렸다. 이를 걱정한 부왕 태종이 어의에게 그 이유를 물었다. 어의는 "세자가 책을 너무 읽어서 그렇다"고 납했다. 성질이 불같은 태종이 명했다.

"지금 당장 세자의 방에 있는 책을 몽땅 치워라."

신하들이 세종의 방에 들이닥쳐 책을 실어 나갔다. 그런데 자세히 보니 병풍 뒤에 남아 있는 책 한 권이 보였다. 세자는 그 책을 숨겨 두고 읽고 또 읽어 110번을 읽었다. 그 책은 중국 송나라 때 정치가 구양수歐陽脩와 북송의 문인 소동파蘇東坡가 주고받은 편지를 묶어 놓은《구소서간》이었다. 이 책을 110번 읽은 세자가 말했다.

"아무리 어려운 책도 100번만 읽으면 다 통달할 수 있다."

공자와 세종이 애용한 이 읽기 방법을 요즘 아이들에게 그대로 권할 수는 없다. 하지만 내용을 잘 모를 때 반복하여 읽으면 문리가 통하는 것은 사실이다.

책을 읽다 보면 한 번 읽고 말기에는 아까운 책이 있다. 그럴 때 공자처럼, 세종처럼 반복하여 읽으면 좋다. 반복하여 읽으면 언간의 뜻을 알게 되고 문리가 트인다. 언간을 읽고 문리가 트이는 독서는 추리력, 판단력, 창의력, 문제 해결 능력과 연결된다.

Tip 반복하여 읽어도 좋은 책을 고르는 기준

1 나쁜 책을 내지 않은 작가의 책.
2 품위 있는 언어를 사용하는 작가의 책.
3 문장이 간결하고 아름다운 작가의 책.
4 바른 가치관의 책을 내는 작가의 책.
5 예술성이 높은 책.

시험 문제가 환히 보이는
선생님처럼 읽기

　　　　　　　　　　　　'만약 내가 시험 문제를 내고, 그
문제로 우리 반 친구들이 시험을 본다면? 그러면 나는 100점을 맞
을 텐데…'

　시험공부를 하다가 누구나 이런 상상을 한 번쯤은 해 보았을 것
이다. 그런데 지구상에 실제로 그런 학교가 있다. 핀란드에도 있고,
미국에도 있고, 프랑스에도 있다. 보통 다른 학교에서는 선생님이
문제를 내고 아이들이 풀지만, 이 학교에서는 아이들이 문제를 낸
다. 아이들이 낸 문제 중에서 선생님이 좋은 문제를 골라 시험문제
로 내고 반 아이늘이 그 문제를 푼다. 그런데 이 학교들은 학력 수준
이 높기로 유명하다. 성적 좋은 아이와 나쁜 아이의 차이가 별로 없
는 것도 특징이다.

시험 문제를 출제해 본 사람은 안다. 문제를 내기 위해서는 텍스트를 열심히 읽고 그 속에 감추어진 의미를 찾아낼 수 있어야만 한다는 것을. 그러기 위해서는 특별한 읽기 방법이 동원되어야 한다. 바로 '선생님처럼 읽기'다.

선생님처럼 읽기란 학생들이 꼭 알아야 하는 핵심 내용을 찾으며 읽는 방법이다. 그러자면 책을 꼼꼼하게 읽어야 한다. 그런 후에는 학생들이 머리를 갸웃거릴 만큼 만만하지 않은 질문 방식으로 문장을 만들어야 한다. 또 교과서를 설렁설렁 읽은 학생들이 당황하도록 만들어야 한다. 그다음에는 학생의 눈으로 시험문제를 보고 답을 써 보아야 한다. 만약에 이때 답이 나오지 않거나 모호한 답이 나오면 그 문제는 쓰레기통에 버려야 한다.

문제에도 여러 가지 타입이 있다. 기억력이나 이해력을 묻는 단순한 문제가 있는 반면에 생각이나 판단, 문제 해결 방법을 묻는 복합적인 문제가 있다.

"심청은 왜 맹인 잔치를 열었나?"는 기억력 질문이고, "스님의 말을 곧이들은 심청은 어떤 성격이었을까?"는 판단을 묻는 질문이다. 또 "심청이가 죽지 않고도 아버지 눈을 뜨게 하는 방법은 없었을까?"는 문제 해결력 질문이다. 어떤 문제를 내느냐는 책을 얼마나 깊고 넓게 읽었느냐에 따라 달라진다.

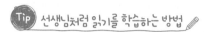

Tip 선생님처럼 읽기를 학습하는 방법

1 아이가 책을 읽은 날에 질문을 한두 개씩 만들어 보게 한다.

2 아이가 만든 질문에 대한 답을 직접 써 보게 한다.

3 아이가 좋은 질문을 만들었을 때 칭찬해 준다.

책을 완전 소화하는
꼼꼼하고 깊게 읽기

"설렁설렁 읽으면 아무것도 남지 않아요. 혹시 중학교 국어 시간에 무얼 읽었는지 기억하십니까? 저는 교사가 되었을 때 나의 학교 시절을 회상해 보고 깜짝 놀랐어요. 아무것도 기억나지 않으니까요.

그래요. 나 역시 아무것도 생각나지 않는 수업을 하는 교사가 될 거라고 생각하니 몹시 괴로웠습니다. '학생들의 기억에 오래 남는 수업을 할 수는 없을까? 아이들의 삶에 피가 되고 살이 되는 수업을 하고 싶다.' 그렇게 생각했지요."

1950년 일본 고베. 공립학교에 갈 수 없는 아이들이 입학하는 사립 나다중학교의 국어 교사 하시모토 다케시는 이렇게 생각했다. 지식을 주입식으로 가르치는 교과서가 아니라 책에서 스스로 공부할 것을 찾아내는 교육을 하고 싶다는 생각. 그는 나카 간스케의 소설《은수저》라는 얇은 소설책 한 권으로 3년 동안 학생들을 가르쳤다.

하시모토 다케시 선생의 '은수저 교육'은 꼼꼼하게 읽고 깊게 생각하고 크게 깨닫는 책 읽기 방식이다. 책을 읽다가 궁금한 것이 생기면 샛길로 빠져서 헤매도 좋은 교육, 모르는 것 없이 완전히 이해하는 경지에 도달하도록 학생들을 슬로 리딩Slow-reading 속에 빠뜨리는 교육이다.

예를 들어 책을 읽다가 '엿'이라는 단어가 나오면 직접 엿을 만져 보고, 깨물어 보고, 맛보고, 재료를 찾아보고, 만드는 법을 알아본다. 또 엿에 관한 다른 글을 읽고, '엿이나 먹어라'라는 속담 속에 숨은 뜻까지 음미해 보는 읽기 방식이다. 그렇게 학생들은 스스로 조사하고 알게 된 지식과 지혜를 공책에 정리했다.

"자기 스스로 느끼고, 의문을 품고, 탐구해서 알게 하라. 자기 스스로 정리한 것이 아니고서는 온전한 내 것이 아니다"라는 것이 하시모토 선생의 읽기 철학이다. 덕분에 하시모토 선생의 국어 수업은 얇은 소설책 한 권으로 3년 동안 지속될 수 있었다.

결과는 찬란했다. 공립학교에 갈 수 없어 사립학교에 온 학생들 중 상당수가 도쿄대학에 진학했다. 또한 하시모토의 제자들은 훗날 총리, 총장, 법조인 등 내로라하는 유명 인사가 되었다. 그들은 하시모토의 은수저 수업에서 공부하는 방법을 배웠다고 증언했다.

현재 우리나라 중학교 국어 교육에서도 '한 학기 책 한 권 읽기'를 국가적 차원에서 실시하고 있다. 하루면 다 읽을 책 한 권을 한 학기 동안 읽으라는 것은 바로 '꼼꼼하고 깊이 있게 읽는' 방법을 몸에 배게 하기 위해서다. 이것은 완전 소화하는 책 읽기 방법이라고 할 수 있다.

세상의 모든 책은 눈속임, 얼렁뚱땅, 허세를 싫어한다. 그렇게는 책과 친해질 수 없다. 책은 정직하고 인내심 있는 사람을 좋아한다. 그런 독자에게 더 많은 이야기를 들려준다.

Tip 꼼꼼하고 깊게 읽기를 연습하는 방법

1 책을 읽다가 새로운 단어가 나오면 옆길로 새서 그 단어가 지칭하는 물건을 만져 보고 맛보고 느껴 본다.
2 새로운 사건이 나오면 옆길로 새서 그 사건에 대한 역사적 자료를 찾아보고 어른들의 이야기도 들어 본다.
3 저자의 의도를 충분히 파악할 때까지 글 속에 파묻혀 연구한다.

독서 집중력을 기르는
읽은 내용 전하기

"오늘 저의 강연을 들으면서 가장 재미있거나 유익한 부분만 추려서 오늘 밤이나 내일, 가족 또는 친구들에게 전해 주겠다는 마음으로 들어 주세요."

강사가 이런 말을 하면 강연을 듣는 사람들의 자세는 달라진다. 강연 중에 내가 이렇게 말하면 청중들은 더 집중하여 듣고 메모도 더 자주 한다.

책을 읽을 때에도 이 책을 읽은 후 누군가에게 이야기해 주겠다고 생각하면 더 집중하여 읽게 된다. 이때 이야기해 주고자 하는 대상에 따라 관심의 내용이 달라질 수 있다. 그 대상이 애인이라면 내용 중 감미로운 대화를 눈여겨볼 것이고, 대상이 노인이라면 같은 내용 중에서도 건강 문제에 대해 관심을 가지고 볼 것이다. 결과적으로 말하려는 대상이 누구이든 간에 타인에게 이야기해 주겠다는 의지가 독서 집중력을 높인다.

책을 읽긴 읽었는데 내용이 생각나지 않을 수 있다. 읽은 직후나 읽는 도중에는 책 내용이 금방 생각난다. 그런데 하루 이틀 지나면 도통 떠오르지 않는다. 그것이 시험공부를 했던 내용이라면 시험을 망칠 것이다.

읽은 내용 전하기는 책 내용을 확실하게 기억하는 방법이다. 내용이 아직 내 머릿속에 있을 때 타인에게 이야기함으로써 내 두뇌에 더 강하게 각인시키는 원리다. 가능하면 한 명이 아닌 여러 명에게 똑같은 이야기를 전해 보자. 책 내용이 더욱 확실하게 기억될 것이다. 같은 내용을 되풀이해서 말하는 동안 이중 삼중으로 기억되기 때문이다.

'읽은 내용 전하기'는 타인에게 들은 내용은 잘 잊어도 자신의 입으로 말한 내용은 좀처럼 잊지 않는 우리의 기억 패턴을 이용한 읽기 방법이다. 이는 기억력을 튼튼하게 하고 싶을 때 사용하면 좋다. 상대방이 그 책을 읽지 않았어도 좋고, 그 책에 흥미가 없다 해도 상관없다. 내용 중 요점을 전달하여 자신의 두뇌 속에 읽은 책을 각인시키면 된다.

아이들이 초등학교와 중학교에 다닐 때 워킹맘이었던 나는 공부를 돌보아 줄 시간이 없었다. 그래서 꾀를 내어 "오늘 학교에서 무얼 배웠느냐?"고 묻고, "엄마가 몰라서 그러니 그 내용을 좀 가르쳐 달라"고 부탁했다. 그러면 아이들은 엄마를 가르치기 위하여 열심히 배운 내용을 전달했다. 그러다 막히는 데가 있으면 얼굴이 붉어지고 다음에는 더 잘 들어서 가르쳐 주겠다고 약속했다. 내가 쓴 방법은 효과가 있었다. 선생님으로부터 "학습 태도가 좋아졌다"는 전화를 받았던 것이다.

읽은 내용 전하기 독서법의 또 다른 장점은 언어 능력이 향상된다는 점이다. 머릿속에 입력된 내용을 다시 꺼내 말하려면 지식을 자신의 언어로 재구성하는 과정을 거쳐야 한다. 객관적 지식을 자신의 언어로 재구성하면서 아이의 언어 능력이 향상된다. 특히 어휘력이 매우 부족한 요즘 아이들에게 유용한 방법이다.

수준 높은 책에
도전하기

항상 같은 수준의 책만 읽는 아이들이 있다. 이들은 조금만 어려워도 책 읽기를 싫어하기 때문에 지식 수준과 독서 능력이 항상 제자리일 수밖에 없다. 아이가 조금씩 높은 수준의 책을 향해 도전하도록 도와야 한다. 한 차원 높은 수준의 책에 도전하는 일은 이제까지 배운 지식을 더 큰 지식의 구조 안에 집어넣는 방법이다.

수준 높은 책이란 두 가지 양상을 띤다. 하나는 내용이 어려운 책이다. 내용이 어렵다는 것은 어휘가 어렵거나 지식의 차원이 높은 경우를 말한다. 어휘 수준이 높은 책을 주면 아이들은 재미가 없다고 하거나 머리가 아프다고 한다. 언어적 추측 게임이 일어나지 않아 생기는 현상이다. 이럴 경우 어휘력 향상 공부와 독서를 병행하는 것이 좋다.

앞에서 배운 '모르는 어휘 짐작하며 읽기'와 함께 책을 읽어 보자. 모르는 어휘가 나오면 그냥 포기하는 것이 아니라 짐작하며 읽기를 해서 그 어휘를 정복하는 것이다. 어휘를 정복하면 어려운 책도 사라진다.

책을 읽을 때 지식의 차원이 높아서 어려움을 느끼는 것은 아이의 배경지식이 부족하기 때문이다. 모르는 지식이 나올 경우에는 배경지식을 쌓기 위하여 각종 참고 도서를 먼저 읽는 것이 좋다. 미리 배경지식을 쌓은 다음에 책을 읽으면 쉽게 읽힌다.

수준 높은 책의 또 하나의 모습은 표현이 어려운 책이다. 그 속에 깊은 뜻을 담은 문장은 어린 독자들을 당황하게 한다. 예를 들어 다음과 같은 문장을 보자.

침대는 가구가 아니다. 과학이다.

이 문장은 상징적인 문장이다. 침대를 과학이라는 단어로 풀이하고 있다. 침대가 실제로 과학이라고 주장하는 게 아니라, 문맥 속에 침대가 과학적인 방법으로 인체에 편리한 가구라는 숨은 뜻을 담고 있다. 이 문장에서 침대와 과학 사이에는 깊은 강이 흐른다. 어떤 독자들은 이런 언어의 깊은 강 앞을 건너지 못하고 바로 앞에서 주저

앉는다. 그러나 상상력과 추리력이 높은 독자는 침대와 과학 사이를 잇는 다양한 의미들을 모아 스스로 다리를 만든다. 이런 읽기 활동은 독자에게 읽기의 즐거움을 제공하며 더 높은 단계의 문장을 소화할 수 있는 능력을 길러 준다.

문맥적인 의미는 비유적 표현, 상징적 표현, 반어적 표현, 풍자적 표현에 의해 만들어진다. 아이가 이러한 문장의 벽을 넘고 나면 책이 한결 쉬워지고 책이 전하는 말이 들려온다. 그러면 아이들은 책 읽기가 재미있다고 말한다. 당연히 공부도 더 재미있어진다.

6장

공부머리를 완성하는
독서 전략 5단계

생각이 넓고 깊어지는
읽기 방법

'왜?'라고
질문하며 읽기

비타민을 발견한 스즈키 우메타로 박사는 어린 시절에 "왜?"라는 질문을 자주 하는 어린이였다. 무엇이든 보면 그냥 넘기지 않고 "왜?"라고 질문해서 어른들을 귀찮게 했다.

그가 10대 소년일 때 "일본인의 체격은 왜 외국인에 비하여 빈약한가?"라는 의문을 품었다. 다른 사람들이 모두 "일본인은 원래 그래" 하고 지나칠 때 그는 "왜?"라고 물은 것이다. 그는 의문점을 그대로 품은 채 대학에 가서 '일본인은 쌀밥을 주식으로 하기에 미네랄과 비타민이 부족하여 체격이 작아졌다'는 사실을 밝혀냈다.

'왜?'라고 의문을 품는 것은 지적 호기심을 확장시켜 준다. 지적 호기심은 두뇌 속의 생각 발전소를 가동하여 끊임없이 질문을 만든다. 질문이 일어나는 두뇌는 살아 있는 두뇌이고 질문이 일어나지 않는 두뇌는 잠자는 두뇌다.

질문이란 두뇌에게 전화를 거는 일이다. 우리의 생각 탱크인 두뇌는 전화를 받은 뒤 생각에 잠긴다. 스즈키 우메타로 박사가 자기 두뇌에게 전화를 걸지 않았다면 비타민을 발견하지 못했을 것이다.

책 읽기도 마찬가지다. 작가가 써 놓은 대로 읽기만 하는 독자의 생각 발전소는 늘 멈추어 있다. 그런 독자는 책을 읽을 때 저자가 문자로 써 놓은 내용만 수동적으로 받아들인다. "왜 그렇지?"라고 질문을 품는 독자는 저자에게 질문을 던져 저자가 놓친 부분을 보충하고 저자를 능가하는 인물이 될 수 있다.

독자는 일반적으로 두 가지 타입이 있다. 줄거리만 읽고 만족하는 독자와 '왜?'라고 질문하며 작가에게 질문하는 독자다. 줄거리만 읽는 독자를 대중 독자라 하고, 작가에게 질문함으로써 작가 위주가 아닌 자기 주도적으로 독서하는 사람을 고급 독자라고 한다.

오 헨리의《크리스마스 선물》을 예로 들어 보자. 작품에는 아름다운 머리카락을 팔아 남편의 시곗줄을 마련한 아내와, 시계를 팔아 아내의 머리핀을 산 남편 이야기가 나온다. 이 소설의 줄거리만 읽는 독자는 두 사람의 사랑에 감동한다. 그러나 질문하며 읽는 독자는 이 부부가 현명한 것인지 반문하고 행복한 크리스마스를 보낼 더 좋은 방법은 없었을까 고민한다. 이때 '왜?'라고 질문하며 읽는 독자의 두뇌는 넓고 깊은 생각의 바다와 같다.

Tip 질문의 다양한 유형

● **창의적 사고력을 길러 주는 질문**

1 내가 주인공이라면 어떤 대화를 할까?

2 이 책의 시대적 배경이 현대라면 이야기는 어떻게 바뀌어야 할까?

3 이 책의 결말 외에 다른 결말은 없을까?

● **추리적 사고력을 길러 주는 질문**

1 동화책에는 왜 삼 형제 이야기가 자주 나오는 것일까?

2 맏형이 막내보다 나쁜 사람으로 표현되는 이유는 무엇일까?

3 《콩쥐팥쥐》, 《백설공주》와 같은 계모 이야기는 왜 생겼을까?

● **과학적 사고력을 길러 주는 질문**

1 알은 왜 둥글게 생겼을까?

2 씨앗은 왜 딱딱할까?

3 왜 네모난 방이 세모난 방보다 편안하게 느껴질까?

'정말 그럴까?'라고 비판하며 읽기

'비판하며 읽기'란 모두가 늘 그렇다고 여겨 온 것을 뒤집어 보는 읽기 활동이다. 예를 들어 〈이솝 우화〉를 읽으며 사람들은 까마귀처럼 남의 칭찬에 우쭐해서 손해 보는 짓은 하지 말아야겠다고 생각한다. 그러나 비판적인 읽기를 할 수 있는 독자는 다음과 같은 질문이 머릿속에 떠오른다.

- 까마귀는 정말 어리석은가?
- 까마귀의 잘못은 과연 무엇인가?
- 여우는 현명한가? 여우의 잘못은 없는가?
- '어리석은 까마귀'란 제목은 이 글에 어울리는가? 더 어울리는 제목을 짓는다면?

• 만약에 여우처럼 행동하는 사람이 많아진다면 우리 사회는 어떻게 될까?

요즘은 소셜 네트워크와 모바일이 결합하여 각종 뉴스가 24시간 넘쳐흐른다. 수많은 뉴스를 보고 듣는 대로 믿는 것은 진정한 뉴스 소비자의 자세가 아니다. 새로운 소식을 접한 후 '정말 그럴까?', '사실은 이와 다르지 않을까?', '특정 정당을 지지하고 중립성을 상실한 이 신문을 계속 보아야 할까?' 등의 의심을 할 수 있어야 현명한 뉴스 소비자라고 할 수 있다.

현대를 현명하게 살아가려면 가짜 뉴스와 진짜 뉴스, 소문과 사실을 구별할 수 있어야 한다. 그래야 뉴스 문맹에서 벗어날 수 있다. 아이를 생각이 넓고 깊은 사람으로 키우려면 부모가 신문 읽기 등을 통하여 의심하며 읽는 능력을 길러 주어야 한다.

자녀가 비판적인 질문을 하는 것을 싫어하는 부모도 있다. '모난 돌이 정 맞는다'는 속담을 인용하여 "넓은 길로 가라" 혹은 "좋은 게 좋다"는 식으로 충고한다. 그러나 비판 정신이 부족한 사람들만 모인 세상은 발전이 없다. 세상은 비판 정신을 가진 사람들에 의해 개혁되고 발전해 나간다.

크게 보면 우리 인간은 모두 무인도에 표착한 '로빈슨 크루소'다. 가족과 친구들에 둘러싸여 살지만, 결국 자기 인생은 스스로 책임져야 한다. 인간에게 비판적 사고력이 부족하면 남의 말에 무조건 따르기만 하는 주관 없는 사람이 된다. 혹은 남의 말이라면 무조건 반대만 하는 편협한 사람이 되어 타인에게 손가락질을 받거나 따돌림을 당하게 된다.

Tip 비판하여 읽는 능력을 기르는 방법 ✏️

1 글을 읽으며 '정말 그럴까?'의심해 본다.

2 의심되는 부분이 왜 잘못되었는지 찾아낸다.

3 잘못되었다고 판단된 내용의 올바른 방향을 생각해 본다.

4 글에 과장된 표현은 없는지 따져 본다.

5 이 결말이 최선일까? 결말이 온당한지 생각해 본다.

6 저자의 주장이나 글의 주제가 타당한지 생각해 본다.

'만약에'라고
가정하며 읽기

　　　　　　　　　'막대 두 개를 세게 비비면 어떻게
될까?'

　어떤 원시인이 이렇게 가정했다. 그는 인류에 불을 선사했다.

　'만약 배를 저어 계속 동쪽으로 가면 무엇이 나올까?'

　16세기 스페인에서 한 젊은이가 이렇게 가정했다. 그는 아메리카
신대륙을 발견한 크리스토퍼 콜럼버스다.

　'빛을 방출하여 계속 유지한다면 어떻게 될까?'

　독일의 16세 학생이 이렇게 가정했다. 그 소년은 10년 후 상대성
원리를 발견하여 인류 최고의 과학자가 되었다. 그는 바로 아인슈타
인이다.

　'누구든지 쉽게 읽고 쓸 수 있는 문자가 없을까?'

세종대왕의 이런 가정 덕분에 우리는 지금 편리하게 한글을 사용하고 있다.

'만약에'라는 가정법의 꿈을 꾸던 사람들은 각종 문명의 이기를 인류에게 선사했다. '만약에'의 꿈은 현실에 놀라운 신세계를 구현하게 한다. '만약에, …라면 어떨까?'라는 가정은 두뇌에 불을 지피는 상상력의 언어다. 또 마술의 언어다. 이것은 존재하지 않던 세상을 우리 눈앞에 불러오는 말이다.

어린이가 책을 읽으며 '만약에'라는 생각을 자주 하면 어떻게 될까? 아이 안에서 무한한 상상력이 타오르기 시작한다. 상상력은 현재의 자료에 새로운 것을 보태는 활동이고, 무에서 유를 창조하는 활동이다.

《심청전》을 읽는 아이를 예로 들어 보자. 아이가 '만약 심청이 공양미 삼백 석보다 더 많은 쌀을 요구했다면?'이라고 가정하면 아이의 상상력은 불타오르기 시작한다. 그 힘을 바탕으로 아이는 매우 창의적인 자신만의 심청전을 만들게 된다. '만약에'라는 가정에서 출발한 생각은 상상의 단계를 거쳐 창조의 세계에 도달한다.

4차 산업혁명 시대에는 창의력이 생존 수단이라고 한다. 인공지능을 가진 로봇들과 함께 살아가려면 그들이 갖지 못한 상상력과 창의력이 필수다. 기억력, 계산 능력, 요약 능력, 핵심 파악 능력은 인공지능 로봇이 이미 인간보다 200배나 뛰어나다. 하지만 로봇은 자유로운 상상력과 반짝이는 창의력은 가지지 못했다. 상상력과 창의력은 그냥 가질 수 있는 것이 아니다. 아이의 두뇌가 가정법의 꿈을 꿀 때 시작되는 능력이다.

현재 우리나라 교육 당국은 '창의융합 교육'을 목표로 하고 있다. 나는 학부모 연수에서 만난 부모들에게 창의융합 교육 목표의 의미를 질문해 보았다. 많은 학부모가 '여러 과목을 섞어 가르치는 것' 혹은 '여러 과목의 구분을 없애는 제도'라고 답했다. 이는 창의융합 교육 방법과 수단을 말한 것뿐이다. 안타깝게도 목표를 제대로 말한 부모는 없었다.

창의융합 교육은 세계 교육의 대세이기도 하다. 과학 기술에 휴머니즘을 결합한 교육이 오늘날의 흐름을 주도하고 있다. 눈부시게 발달한 과학은 인간에게 편리를 제공하지만 인류 멸망이라는 위협도 낳는다. 이를 견제하는 것이 휴머니즘이다.

결국 창의융합 교육은 휴머니즘의 부활을 의미하는 것이다. 깊은 인문 철학을 기반으로 하는 창의융합 교육은 창의성 없이는 이루어낼 수 없다. 아이의 머릿속에서 '만약에?'라는 가정이 자주 일어날 때 창의융합 교육이 실효를 거둘 것이다.

문맥적 의미를 찾아내는
시인처럼 읽기

　　　　　　　　　　시인처럼 읽기란 시 속에 감추어진 문맥적 의미를 찾아내는 읽기 방법이다. 즉 사전적 의미로만 책을 읽는 게 아니라 문맥을 파악하며 읽는 방법이다.

　모든 어휘는 사전적 의미와 문맥적 의미를 함께 지닌다. 예를 들어, 예쁜 아기를 보고 어른들이 '못난이'라고 말하는 경우가 있다. 이럴 때 '못난이'의 사전적 의미는 '못생긴 아이'지만 문맥적 의미는 '무척이나 예쁜 아기, 정말 사랑스러운 아이'라는 의미다.

　단어는 이와 같이 커뮤니케이션 과정에서 비로소 어떤 의미를 지닌다. 설명문이나 논설문 같은 글에서는 주로 사전적 의미가 사용되지만, 시·동화·소설처럼 문학적인 글에는 문맥적 의미가 더 많이 사용된다. 그래서 문학적인 글을 읽을 때 문맥적 의미를 찾지 못하는 독자는 문학작품을 제대로 이해할 수 없다.

김소월의 시 〈진달래꽃〉 마지막 시구로 예를 들어 보자. '나 보기가 역겨워 가실 때에는/죽어도 아니 눈물 흘리우리라'라는 시구를 '내가 싫어서 간다면 나는 눈물을 절대 흘리지 않겠다'로 풀이한다면 이는 사전적 의미로만 읽는 방법이다. 그러나 '내가 싫어서 간다면 나는 슬퍼 흐르는 눈물을 참으며 고이 보내 주겠다'란 의미로, 더나아가 '그러니 제발 가지 마세요'라는 호소로 읽었다면 이는 문맥적 의미를 파악한 것이다.

시인처럼 읽을 수 있는 숙련된 독자는 책 속에 숨은 의미를 찾아낼 수 있다. 문맥적 의미는 비유적 표현, 상징적 표현, 반어적 표현, 풍자적 표현에 의해 만들어진다.

단어의 사전적 의미가 객관적인 의미라면, 독자가 작품 속에서 찾아낸 문맥적 의미는 주관적인 의미일 경우가 많다. 같은 말이나 문장 속에서도 독자마다 다른 의미를 찾아내기 때문이다.

문장 해석 능력은 독자의 경험과 독서 수준에 따라 달라진다. 예를 들어 김소월의 시 〈진달래꽃〉을 감상할 때 사랑과 이별을 해 본독자는 해 보지 않은 독자보다 더 깊고 풍부한 문맥적 의미를 찾아낼 수 있다.

문맥 읽기에 서툰 독자를 보면 감성과 상상력이 부족한 경우가 많다. 이런 독자들은 문학작품은 물론이고 책 읽는 기쁨을 느끼지 못해 독서를 고역으로 여긴다. 또한 이들은 생활 속에서 동문서답을 자주 하고, 유머를 잘 알아듣지 못해 친구들과 원활한 의사소통이 힘들다.

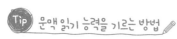 Tip 문맥 읽기 능력을 기르는 방법

1 글 속에서 저자가 어떤 의미로 그 단어를 사용했는지 알아본다.
2 내가 찾은 의미와 친구가 찾은 의미를 비교해 본다.
3 친구와 내가 왜 서로 다른 의미를 찾아냈는지 생각해 보고 대화를 나눈다.
4 동시나 동화를 읽으며 사전적 의미로 해석할 때 어색한 단어를 찾아본다.
5 사전적 의미 대신 다른 의미를 넣어 본다.
6 의미를 하나만 찾지 말고 다양하게 찾은 후 가장 알맞은 것을 골라 본다.
7 긴 글을 읽으며 이러한 훈련을 반복한다.

추리적 사고를 길러 주는
탐정처럼 읽기

괭장한 부자가 있었다. 그는 돈이 많은 만큼 적도 많았다. 그래서 누가 자기를 죽일까 봐 밤마다 침실 문을 잠그고 잤다. 그의 방은 출입문이 하나밖에 없었고, 문을 잠근 자물쇠도 견고해서 아무도 들어갈 수 없었다.

어느 날 아침 부자가 일어나지 않아 하인들이 문을 부수고 들어가 보았다. 부자는 죽어 있었다. 외상 하나 없었으나 몸이 푸르게 변해 있었다. 검시 결과 사망 원인은 '독사의 독'이었다.

사람들은 독사를 찾기 위하여 방 안을 샅샅이 뒤졌으나 독사는 없었다. 사람들은 고개를 갸웃거렸다. 아무도 그 방의 열쇠를 가지고 있지 않은데….

가만히 보니 방 벽에 직경 1cm 정도의 작은 구멍이 뚫려 있었다.

위 이야기의 구조는 마치 추리 영화 같다. 이야기 속 사건을 해결할 힘은 어디에 있을까? 바로 단서다.

독자는 단서를 찾아야 한다. 뱀이 부자의 방 안으로 들어갈 수 있는 방법, 뱀이 혼자 나갈 수 있는 방법은 무엇일까? 구멍이다. 독사는 그 작은 구멍으로도 들락거릴 수 있었을 것이다. 그렇다면 누군가가 구멍을 뚫어 뱀을 넣었고, 뱀이 방으로 들어가 부자를 물고 나왔을 것이다.

그런데 뱀이 나오지 못할 수도 있지 않을까? 뱀이 방에 들어왔다 다시 밖으로 나갔다면 그 뱀은 훈련을 받았을 것이다. 전래동화《피리 부는 사나이》처럼 피리 소리로 뱀을 불렀을까? 이렇게 추리한다면 문제는 타살로 단정되므로 뱀을 넣은 사람을 찾으면 될 것이다.

이와 같이 이미 드러난 정보를 종합하고 논리적으로 분석하여 생각하는 힘을 추리력이라고 한다. 알고 있는 사실로부터 얻은 것을 바탕으로 새로운 판단을 끌어내는 사유 작용이다.

추리적 사고는 일반적으로 '왜? 그래서? 무엇 때문에?'라고 계속하여 의문을 품을 때 길러진다. 또 '만약에? 그와 반대로?' 등과 같이 있는 사실을 뒤집어 생각해 볼 때도 길러진다. 이 능력은 발명가, 과학자, 작가, 작곡가 등 창의적 활동을 하는 사람들에게 많이 요구된다.

추리력이 높은 아이는 생각과 행동이 매우 적극적이고 분석적이며 지적 욕구가 강하다. 이러한 아이는 하나를 가르치면 열을 아는 확산적 사고의 주인공이며 미래지향적인 성격을 갖는다.

추리력이 낮은 아이는 생각하고 행동하는 영역이 좁아 매우 단조로운 사고 체계를 가지며 이로 인해 행동 패턴도 단조롭다. 그래서 어떤 일을 계획하고 전개하는 것에 서툴며 확산적 사고가 부족하여 앞으로 나아가지 못한다. 매사에 소극적이고 보수적이어서 공부를 해도 비능률적이라 효과가 적을 수밖에 없다.

 Tip 탐정처럼 읽기로 추리력을 기르는 방법

1 책을 읽으며 '왜?'라고 의문을 품어 본다.

2 책을 읽으며 '그래서? 그다음은?' 하고 생각해 본다.

3 책을 읽으며 '무엇 때문에?'라고 생각해 본다.

4 책을 읽으며 '만약에 나라면?' 하고 생각해 본다.

5 책을 읽으며 '그와 반대로?'라고 반대 입장을 생각해 본다.

6 책에 거론되어야 하지만 생략되어 있는 내용이 무엇인지 알아본다.

7 책을 읽은 후 '그렇다면?'이라는 생각으로 독창적인 결론을 도출한다.

공감 능력을 길러 주는
변호사처럼 읽기

존 그리샴의 소설을 원작으로 하고 조엘 슈마허가 감독한 영화 〈의뢰인〉에는 우연히 살인 사건을 목격하게 된 소년이 등장한다. 시시각각 생명의 위협을 느끼던 소년은 변호사 사무실을 찾아가 문제 해결을 부탁한다. 변호사는 사건을 의뢰한 소년의 문제를 발견하고 해결하기 위하여 사투를 벌인다. 의뢰인을 향한 변호사의 직업의식이 관객에게 감동을 주는 영화다.

변호사처럼 읽기란 작품을 읽으면서 자기가 선택한 인물의 변호사가 되어 보는 읽기 방법이다. 변호사는 사건을 철저하게 의뢰인의 입장에서, 동조적 시선으로 바라본다. 사건을 동조하는 눈으로 보려면 생각만으로는 안 된다. 의뢰인에게 공감해야 한다. 공감은 의뢰인의 문제를 발견하는 가장 빠른 길이다.

《레 미제라블》로 예를 들어 보자. 책에서 장 발장이 도둑으로 몰려 법정에 서게 되었을 때 장 발장의 변호사가 되는 상상을 해 보면 책을 읽는 방법이 달라진다. 작품 속에서 미리엘 신부는 왜 기짓말을 했을까? 공감의 마음, 동조적 태도로 장 발장을 대했기 때문이다. 신부의 마음을 헤아리면 장 발장을 변호할 방향이 결정된다. 그는 보호되어야 할 약자이지 파렴치한 도둑이 아닌 것이다.

변호사처럼 읽기를 사용하면 줄거리만 읽는 수동적 독서를 떠나 창의적이고 적극적인 독서가 가능해진다. 그럴 때 독자의 두뇌는 변호사의 두뇌로 전환되어 공감 능력이 높아지고 문제 해결 상태로 들어간다. 변호사처럼 읽기에 성공하려면 분석적 사고, 종합적 사고, 비판적 사고, 판단력, 창의력 등이 필요하다.

Tip 변호사처럼 읽기로 공감 능력을 기르는 방법

1 책을 읽으며 작품 속 인물이 실패하게 된 원인을 알아본다.

2 책 속 인물이 실패하지 않으려면 어떻게 해야 했을지 생각해 본다.

3 책을 읽으며 주변 인물의 문제를 찾아본다.

4 책 속 주변 인물의 문제 해결 방법을 생각해 본다.

5 책 속 인물 중 하나를 고른 뒤 그의 변호사가 되었다고 가정하여 변론을 생각해 본다.

판단력을 길러 주는
판사처럼 읽기

　　　　　　　　판사처럼 읽기는 책을 읽으면서 등장인물들의 잘잘못을 따져 가며 읽는 방법이다. 책 속에는 다양한 인물들이 등장한다. 그리고 그 다양한 인물들은 서로 미워하고 대립하며 싸운다. 책 속에서 누군가는 못된 짓을 해서 불행해지고, 누군가는 착한 일을 해서 행복해진다.

　이런 이야기를 그냥 아무 생각 없이 읽는 것은 줄거리 읽기에 그치는 수동적인 읽기다. 수동적인 읽기에서 독자의 사고력은 제자리걸음을 한다. 그러나 자신이 판사가 되어 인물들의 잘잘못을 따져 보고 알맞은 판결을 내리다 보면 높은 판단력의 경지에 오르게 된다.

　일상생활에서 아이들이 판단력을 기를 기회는 별로 없다. 집에서는 부모가 대신 판단해 주고 학교에서는 선생님이 판단해 주는 까닭이다. 더 큰 사회에서는 법과 도덕이 옳고 그름을 판단한다. 그래서 아이들은 중요한 판단을 내려야 할 상황 앞에서 수동적인 입장을 취하게 된다.

아이를 생각이 깊고 넓은 인물로 자라게 하려면 삶의 고비마다 스스로 판단을 내릴 수 있도록 힘을 길러 주어야 한다. 가장 쉬운 방법이 판사처럼 책을 읽는 것이다.

《흥부전》을 예로 들어 보자. 우리 대부분은 착한 흥부가 복을 받고 욕심 많은 놀부가 벌을 받는 것이 당연하다고 여긴다. 그러나 다음과 같이 생각하는 아이들도 있다.

- 흥부와 놀부가 맞이하는 결말은 공평한가?
- 놀부에게 너무나 가혹한 결말은 아닐까?
- 흥부가 놀부를 용서해 주는 것은 공평한 일인가?
- 놀부는 왜 동생의 재산을 가로챘을까? 그저 욕심 때문이었을까? 혹시 맘 좋은 동생이 남에게 속아 하루아침에 재산을 날릴까 봐 그런 건 아닐까?
- 흥부와 놀부 모두에게 공평한 판결은 어떤 것일까?

책을 읽으며 이렇게 질문할 수 있는 아이라면 《흥부전》의 새로운 판결을 준비하게 된다. 두 형제 모두에게 공평하고 정의로우며 다른 독자에게 귀감이 되는 현명한 판결을 말이다. 이러한 독서 경험이 쌓인 아이는 점차 단단한 판단력을 갖게 된다.

내가 만난 학부모 중에는 자녀가 커서 법조인이 되기를 원하는 이들이 많았다. 법조인이 장래 희망인 아이들도 많이 만났다. 그래서인지 사법시험 제도가 과연 필요한가에 대한 의견이 분분하다. 한편으로는 불공정한 판결을 내린 판사와 그 재판 이야기가 심심찮게 보도되어 법조인의 자질 논란이 일기도 한다. 자녀가 법조인이 되기를 원하는 부모라면 판사처럼 읽기 방법을 숙지하고 아이에게 가르쳐 주는 게 좋다.

아이는 초등학교 5~6학년이 되면 좋은 책과 나쁜 책을 구별한다. 하지만 구별할 수 있다고 해서 좋은 책만 읽고 나쁜 책을 읽지 않는 것은 아니다. 통계에 의하면 초등학교 5~6학년 때에 나쁜 책을 오히려 더 많이 읽는다고 한다. 따라서 아이가 초등학교 고학년이 되면 불량 서적에 대한 경각심을 높이고 좋은 책으로 주의를 환기해야 한다.

이때 '불량 서적 청문회'라는 가족 행사가 효과적일 수 있다. 불량 서적에는 어떤 책이 있고 그 폐단과 문제점은 무엇인지, 어린이들이 왜 불량 서적에 빠지게 되는지 모의 청문회를 열어 아이와 부모가 함께 생각해 보자.

Tip 불량 서적을 재판하는 방법 🖉

1 친구들끼리 읽은 책 중 불량 서적이라고 판단되는 책을 각자 2권씩 추천한다.

2 가장 많이 추천된 책을 1위에서 3위까지 뽑아 피고가 될 책으로 선정한다.

3 친구들 중에서 불량 서적을 만든 출판사의 사장 역을 누가 맡을지 정한다.

4 불량 서적을 만든 출판사 사장 역할을 맡은 사람은 해당 서적을 꼼꼼히 읽거나, 해당 출판사를 통하여 책을 만들게 된 이유를 알아본다. 또는 그 책을 만든 결과로 얻은 이익과 손해 등을 조사함으로써 재판에 대비한다.

5 검사 역을 맡은 사람은 책의 잘못된 점을 고발한다.

6 변호사 역을 맡은 사람은 출판사 사장을 변론한다.

7 판사 역을 맡은 사람은 책의 유해 정도로 형량을 판정한다.

비평 안목을 기르는
기자처럼 읽기

　　　　　　　　책을 읽고 난 아이에게 '읽은 책의
좋은 정도에 따라 별표를 그려 보라'고 하면 서슴없이 별을 그린다.
그러나 이 책이 왜 좋은지, 나쁘면 왜 나쁜지 말해 보라고 하면 주저
한다. 이처럼 망설이는 행동은 아이가 일상생활이나 독서 중 스스로
평가를 내려 본 적 없기 때문에 일어난다. 기자처럼 읽기는 평가하
며 읽기의 다른 이름이다. 생각이 넓고 깊은 고급 독자가 되려면 책
에 대한 비평적 안목을 길러야 한다.

　비평은 비판적 사고를 기반으로 한다. 어떤 사실이나 상황에 대한
비판 없이는 정확하고 올바른 판단이나 평가를 내릴 수 없다. 비평
활동은 좌우를 공평하게 바라보는 시각을 길러 주어 한쪽으로 치우
치지 않은 평가를 내리도록 한다. 또한 비평은 상대를 깎아내리거나

치켜세우는 것이 아니라, 표준과 기준에 의지하여 옳고 그름이나 좋고 나쁨을 가려내는 활동이다.

책을 읽는다는 것은 저자와 독자가 대화를 나누는 것과 같다. 독서란 저자가 책을 통해 말한 것을 독자가 읽는 것인데 어째서 서로 대화하는 것이냐고 반문할 수 있다. 이렇게 반문하는 사람은 독자의 의무를 모르는 사람이다. 책 읽기에서 최후의 판단을 내리는 것은 언제나 독자다. 저자는 말할 만큼 말했다. 마지막은 독자의 몫이다.

기자처럼 읽기란 독자가 비평적 안목을 가지고 책의 가치를 평가하는 읽기 활동을 말한다. 글을 평가한다는 것은 단순히 이해하며 읽는 것과는 차원이 다르다. 책의 가치와 질에 대해 판단하는 것이기 때문이다. 평가하며 읽기는 문학적인 글에서도 필요하지만, 비문학적인 설명문, 논설문, 선전문, 광고문 등을 읽을 때 더욱 필요하다.

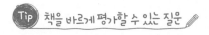

Tip 책을 바르게 평가할 수 있는 질문

다음 중 '그렇다'에 해당하는 항목이 6개 이상이면 좋은 글이라 평가할 수 있다.

1 친한 친구에게 권하고 싶은 책인가?
2 작가가 쓴 다른 책도 읽고 싶은가?

3 다시 한 번 읽고 싶을 만큼 재미있는 책인가?

4 작가가 주장하는 내용이 공평하고 정당한가? 혹시 편견은 없는가?

5 책의 결말은 이치에 맞는가?

6 책을 읽을 때 푹 빠져서 읽었는가?

7 책에 등장하는 인물과 같은 사람이 실제로도 존재할 것 같은가?

8 책에 등장하는 인물이 실제 있다면 친구가 되고 싶은가?

9 책에 담긴 이야기가 현실에서도 일어날 법한 일인가?

10 책의 문장은 쉽게 이해할 수 있는가?

상상력에 날개를 달아 주는 괴테처럼 읽기

1700년대, 괴테의 어머니는 하루에 세 번씩 어린 아들에게 책을 읽어 주었다. 오전에 한 번, 오후에 한 번, 잠들기 전에 한 번. 그런데 그녀의 책 읽어 주기 방식은 특별했다. 수동적인 읽어 주기가 아니라 적극적인 독서 놀이였다. 그녀는 동화를 읽어 주다가 클라이맥스에서 딱 멈추고는 다음 이야기를 기다리는 어린 아들에게 말했다.

"아가야, 뒷이야기는 네가 상상해 보렴."

그래서 다음 줄거리를 상상하느라 어린 괴테의 머리는 항상 바빴다. 그러니까 똑같은 전래동화지만 다른 아이들이 들은 이야기와 괴테가 들은 이야기는 달랐던 것이다. 괴테는 어머니가 던진 질문을 해결하기 위하여 다시 어머니에게 질문하는 아이가 되었다.

"엄마, 공주가 궁전으로 돌아가려면 세 가지 방법이 있어요. 하나는 괴물이 잠들었을 때 성에서 도망치는 거예요. 다른 하나는 괴물을 죽이는 거고요. 마지막 방법은 소리를 질러 사람들이 달려오게 하는 거예요. 엄마, 어느 게 가장 좋을까요?"

"글쎄…. 그중에서 공주가 할 수 있는 일이 뭘까?"

이런 식으로 모자는 문제 해결을 위하여 머리를 맞대고 생각을 나누었다고 한다.

후세의 괴테 연구자들은 입을 모아 말한다. 괴테 어머니의 읽기 방법이 어린 괴테의 두뇌를 개발해 주었고 그 결과 25세의 젊은 나이에 법학자로, 작가로 세계에 우뚝 선 청년 괴테가 탄생하게 되었다고. 아이큐가 185쯤 될 것으로 추정되는 괴테의 놀라운 두뇌 비결은 어머니가 가르쳐 준 읽기 방법에 있었다.

결말을 다양하게 만들어 보면서 읽는 방법. 이 읽기 방법을 통하여 괴테의 창조성이 길러졌다. 이렇게 키워진 괴테의 상상력은 날이 갈수록 풍성해졌고, 겨우 7살의 나이에 동화를 쓰는 천재가 되었다.

문제 해결력을 높여 주는
링컨처럼 읽기

         '빨리 읽기와 천천히 읽기의 효과 비교를 위한 연구'를 진행할 때였다. 서울 강남에 있는 H초등학교를 찾아갔다. 나는 아직《레 미제라블》을 읽지 않은 3학년 학생 중 빨리 읽기 습관이 있는 학생들과 천천히 읽기 습관이 있는 학생들을 선별하여 각각 다른 교실에 들게 했다. 그리고 120쪽 짜리《레 미제라블》을 주고 20분 후에 올 테니 조용히 읽고 있으라고 지시했다.

    먼저 빨리 읽기반에 들어갔다. 아이들이 장난을 치고 있었다. 왜 책을 안 읽고 장난치느냐고 묻자 아이들이 대답했다.

    "다 읽었어요. 뭐든지 물어보세요."

    나는 아이들에게 언제부터 책을 빨리 읽게 되었느냐고 물었다. 아이들은 제각기 책을 빨리 읽게 된 이유를 댔다. "엄마 아빠가 일주일에 책을 10권씩 읽으라고 했다"는 식으로 말하는 아이가 가장 많았다. 책을 빌려주는 회사가 일주일에 10권씩 아이들의 집집마다 책을 배달해 주고 일주일 후에 찾아가는 시스템 속에서 책을 읽은 아이들이었다. 내가 다시 물었다.

"다 읽고 나면 부모님이 어떤 질문을 하시니?"

아이들이 대답했다.

"먼저 주인공 이름 묻고요, 어떤 일을 당했는지 묻고요, 나중에 어떻게 되었는지 물어요."

부모들은 줄거리만 묻고 다른 것은 묻지 않았던 것이다. 그래서 아이들도 줄거리만 후딱 꿰고는 세세히 읽지 않았고, 120쪽짜리 책을 20분도 안 되어 다 읽을 수 있던 것이다.

그다음 천천히 읽기반으로 들어가니 빨리 읽기반과는 전혀 다른 풍경이었다. 모두가 고개를 숙이고 책을 읽고 있었다. 그중 한 아이가 3쪽에서 시선을 멈추고 앉아 있었다. 글자를 읽을 수 없느냐고 물으니 아니란다. "그럼?" 하고 되물으니 아이가 나에게 질문했다.

"선생님. 프랑스 사람들은 원래 인간성이 나쁜가요?"

"왜 그런 생각을 했지?"

"어린 조카가 배고파 울어서 빵을 훔친 건데, 그 삼촌을 감옥에 넣으면 안 되잖아요?"

"그럼 네가 그 빵집 주인이라면 어떻게 하겠니?"

"저는요, '이봐요, 장 발장 씨. 내일부터 밤 10시에 우리 가게에 오세요. 그럼 내가 그날 못 판 빵을 드릴 테니. 취직이 될 때까지 그걸 먹고 견뎌요.'라고 할 거예요."

그날 나는 알게 되었다. 빨리 읽는 아이들은 줄거리만 읽고, 천천히 읽는 아이들은 생각하며 읽는다는 것을. 책을 천천히 읽는 아이들은 비판하고, 상상하고, 추리하고 판단하며 문제 해결에 도달한다는 것을.

내가 만난 아이처럼 문제 해결 방법을 생각하며 읽었던 사람이 또 있다. 미국의 16대 대통령 에이브러햄 링컨이다. 그는 어린 시절부터 책을 읽다가 어려운 문제에 봉착한 주인공을 만나면 그의 문제를 어떻게 해결할 수 있을지 곰곰이 생각하는 버릇이 있었다. 이것이 독서 습관이 된 그는 《톰 아저씨의 오두막》을 읽을 때도 흑인들이 평등하게 살려면 어떻게 해야 할까 골똘히 생각했지만, 해결책을 발견하지 못했다.

그러고서 링컨은 49세에 미국 대통령으로 당선되었다. 당시 미국은 흑백 문제에 휩싸여 있었다. 흑인에게 관대한 북부와 흑인에게 혹독한 남부가 대립했고 링컨은 북부 편에 섰다. 결국 남북전쟁이 터지자 링컨의 머릿속에 오랜 문제의 해결책이 떠올랐다.

'북부가 흑인을 군대에 받아들이면 백인만으로 구성된 남부군을 이길 수 있다. 그래서 북부가 승리하면 미국의 모든 흑인에게 자유

를 준다.'

이 소식은 흑인들의 피를 끓게 했다. 흑인들은 용감하게 싸웠고 그 결과 북부는 승리했다. 마침내 흑인들은 해방되었다.

세계 역사에서 가장 위대한 업적으로 칭송받는 '흑인 노예 해방' 은 링컨의 책 읽기 방법에서 탄생했다고 볼 수 있다.

두뇌를 눈부시게 작동시키는 빌 게이츠처럼 읽기

"나는 일을 하다가 생각이 막히면 무조건 책을 펼친다. 마치 현실에서 산책이라도 떠나듯. 소설책도 좋고, 시집도 좋고, 경영서도 좋고, 역사책도 좋다. 그냥 펼쳐 읽는다. 그러노라면 새로운 생각들이 머리를 가득 채우는 것을 느끼게 된다. 실제로 그동안 내가 세상을 깜짝 놀라게 한 아이디어들은 모두 이렇게 책을 읽다가 얻은 생각들이다."

이는 빌 게이츠가 자신의 독서 습관을 고백한 말 중 일부다. 빌 게이츠의 독서 수준은 최고에 도달해 있다고 볼 수 있다. 바로 아무 생각 없이 읽어도 두뇌가 눈부시게 작동하는 수준이다.

책을 오랫동안 많이 읽는다고 누구나 빌 게이츠와 같은 수준에 도달하는 것은 아니다. 비슷비슷한 수준의 책을 같은 방법으로만 읽는다면 수천 권을 읽어도 항상 같은 수준에 머물 뿐이다. 빌 게이츠와 같은 수준에 도달하려면 다양한 방법으로 다양한 책을 읽어야 한다.

혹시 지금까지 이 책이 제시한 여러 읽기 방법을 충실히 익혀 왔는가? 그렇다면 당신은 아무 생각 없이 읽어도 두뇌가 눈부시게 작동하는 것을 의식하게 될 것이다. 그런 독자에게는 어떤 책이든지 아무 생각 없이 읽으라고 권하고 싶다.

Tip 빌 게이츠처럼 두뇌를 눈부시게 작동시키는 방법

1 책 속에 몰입하여 읽는다.
2 미소 지으며 책을 읽는다.
3 걱정 근심을 털어 버리고 책을 읽는다.
4 책을 읽다가 불꽃같은 생각이 떠오르면 행복한 마음으로 메모해 둔다.

창의적인 상상력을 길러 주는
안데르센처럼 읽기

　　　　　　　　　　《미운 오리 새끼》의 작가 안데르센
은 어려서 몹시 가난한 부모 밑에서 자랐다. 구두 수선공이었던 아
버지는 밤이면 어린 안데르센에게 이야기를 들려주었다. 아버지가
책에서 읽은 이야기가 아니라 예부터 입에서 입으로 전해 오는 짧은
민화 같은 것들이었다.

　안데르센은 아버지에게서 들은 짧은 이야기에 자기의 창의적 생
각을 보태 새로운 이야기를 만들었다. 그리고 그 이야기를 다시 아
버지와 어머니에게 들려주어 부모를 기쁘게 했다. 이야기 재구성하
기. 그것은 어린 안데르센의 취미였고 행복의 원천이었다.

　초등학교를 졸업하던 해 아버지가 돌아가시자 안데르센은 공장
에 들어가 돈을 벌었다. 그러나 그는 작가가 되고 싶었다. 코펜하겐

으로 떠난 안데르센은 극장에서 청소하고 잔심부름하는 일거리를 얻었다. 잠은 공원 벤치에서 자고 빵 한 덩이로 일주일을 버텨야 했지만 그는 작가의 꿈을 버리지 않았다.

몇 년 후 안데르센은 대역 배우가 되었고 어린 시절부터 재창작한 이야기를 모아 동화집을 내었다. 안데르센의 동화는 '이제까지 없던 새로운 동화'라는 평을 받으며 그에게 작가라는 이름을 달아 주었다.

독자는 작가가 써 놓은 글의 일반적인 뜻을 이해하는 동시에, 그 의미를 넘어 각자가 개성적인 해석을 덧붙인다. 일반적인 이해 단계를 독해의 단계라 하고, 개성적으로 반응하는 단계를 감상의 단계라 한다.

감상은 창조적인 읽기 활동이다. 창조적 읽기란 감상의 단계 중에서도 안데르센처럼 개성적으로 반응하는 읽기를 가리킨다. 예를 들어 전래동화《우렁이 색시》를 읽은 아이들에게 책을 읽고 난 뒤 무엇이 궁금했느냐고 물으면 다양한 반응을 보인다. 어떤 아이는 '궁금한 것이 없다'고 하고, 어떤 아이는 다음과 같은 궁금증을 털어놓는다.

· 우렁이 색시는 호화로운 용궁을 버리고 왜 가난한 총각에게 왔을까?
· 우렁이 색시는 어떤 여정을 거쳐 총각이 사는 동네까지 왔을까?

· 부지런한 총각과 우렁이 색시에게 어울리는 이름은 무엇일까?

· 우렁이가 색시로 변한 것을 보고 총각은 어떤 표정을 지었을까?

· 만약에 총각이 우렁이 색시의 말을 듣지 않았다면 어떻게 되었을까?

· 내가 우렁이 색시를 만난다면 어떻게 할까?

아이들은 나이와 성별, 관심의 영역에 따라 다양한 의문을 쏟아 놓는다. 책을 읽고도 궁금한 것이 없는 아이는 수동적 읽기, 피동적 읽기를 한 것이며, 궁금증이 많은 아이는 창의적 읽기를 한 것이다. 창의적 독자는 같은 글을 읽어도 글 속에서 느끼고 사고하는 점이 많으므로 얻는 것도 많다.

창의적인 아이는 '물 먹는 하마'란 문장을 읽었을 때 비슷한 표현으로 '떡 먹는 하마'란 말을 생각할 수 있고, 사회를 떠들썩하게 한 부패 정치인을 떠올리며 '돈 먹는 하마'로 빗댈 수도 있다. 이처럼 창의성은 아이가 읽은 글을 통하여 자신의 사고 영역을 끝없이 넓혀 나가도록 돕는다.

Tip 안데르센처럼 읽기로 창조적 상상력을 기르는 방법 ✏

1 책을 읽으며 궁금한 내용을 메모한다.

2 책을 읽으며 빠진 사항을 발견하고, 그곳에 적당한 말을 채워 가며 읽는다.

3 책의 다음 이야기를 생각해 본다.

4 책을 읽고 대안을 생각한다.

5 '만약에', '그와 반대로' 등 반대 상황을 생각하면서 책과 다른 이야기를 전개해 본다.

6 그림만 있는 만화를 보며 인물들의 대화를 스스로 써 넣어 작품을 완성한다.

7 그림이나 사진만 있는 포스터와 광고를 보고 제목을 정해 본다.

현실 적응력을 길러 주는 톨스토이처럼 읽기

2016년 한 문예지가 우리나라 작가들에게 질문했다.

"당신이 작가가 되는 데 가장 많이 공헌한 작품은?"

이에 대한 답으로 가장 많이 거론된 책이 바로 톨스토이의《안나 카레니나》다. 그런데 우리나라 작가들뿐 아니라 외국 작가들도 그런 모양이다.

밀란 쿤데라의 소설《참을 수 없는 존재의 가벼움》에서도《안나 카레니나》가 언급된다. 무작정 상경한 식당 여종업원 데레사. 그녀는 외과의사 토마스의 숙소로 쳐들어갈 때 상류사회로 진입하는 티켓인양《안나 카레니나》를 옆구리에 끼고 간다.

무라카미 하루키는 "초콜릿을 먹으며《안나 카레니나》를 읽으면

캄캄한 우주를 들여다보는 것처럼 신비하다"라고 멋을 부려 말했다. 하루키는 실제로 이 책을 읽고 또 읽으며 생활한다고 한다.

작가들은《안나 카레니나》에서 무엇을 얻고 있을까? 40대의 톨스토이가 9년이라는 긴 집필 끝에 완성한 이 소설에는 당시 러시아 사회에서 얻은 생생한 소재가 가득 담겨 있다. 작품을 발표하며 톨스토이는 다음과 같이 고백했다.

"파티에서 만난 푸시킨의 딸에게서 안나의 외모적 분위기를, 내가 사는 야스나야폴랴나 인근 마을에서 달리는 열차에 뛰어들어 자살한 여인 이야기를 듣고 안나의 비극적 최후를, 러시아의 유능한 정치가였던 모스크바 궁정 시종의 가정 파탄 이야기에서 안나의 남편 카레닌의 원형을 빌려 왔다."

평론가들은 톨스토이를 가리켜 '현실을 굳건하게 딛고 선 작가'라고 말한다. 톨스토이는 현실에서 소재를 취하여 작품을 만들고, 현실의 인물을 소설에 구현하는 것으로 유명하다. 그래서 그의 작품에서는 어디선가 만난 적 있는 인물들을 보게 된다. 톨스토이의 인물 창조 비밀을 밝히기 위하여 수많은 작가들이《안나 카레니나》를 읽고 또 읽는 것이 아닐까?

톨스토이는 책을 읽을 때도 비슷한 방법을 썼다고 한다. 작품 속 등장인물과 현실의 인물을 비교하며 읽은 것이다. 이 인물은 어느 마을의 누구를 닮았군. 이 인물은 내 아내 소피아 안드레예브나를 닮았군…. 톨스토이처럼 읽기란 이와 같이 등장인물을 현실에서 찾아보는 읽기 방식이다.

책을 읽으며 작품 속 인물을 현실의 인물에 투사해 보는 행위는 특별한 재미를 준다. 드라마를 볼 때 내가 아는 사람과 비슷한 캐릭터가 나오면 더 집중하고 빠져드는 것처럼 말이다. 특히 나와 같은 처지의 인물이 등장하는 드라마나 영화라면 금세 매료되고 만다.

영화를 보다가 "저건 미국 영화
군" 혹은 "저건 독일 영화야" 하며 제작한 나라를 알아채는 경우가
있다. 같은 제2차 세계대전을 다룬 영화라도 독일인의 눈으로 본 전
쟁과 미국인의 눈으로 본 전쟁이 완전히 다른 까닭이다.

　책을 읽다 보면 같은 주제를 다르게 해석하고 표현한 저자들을
만날 수 있다. 수양대군이 단종의 왕위를 찬탈한 역사적 사건에 대
해 쓴 소설도 두 편이 있다. 이광수의《단종애사》와 김동인의《대 수
양》이다.《단종애사》에서 단종은 피해자, 수양은 가해자로 표현된다.
반면《대 수양》은 유능한 삼촌을 두고 어린 조카가 왕위에 오르는
것의 불합리성을 말한다. 누군가는《단종애사》만 읽고, 또 다른 누군
가는《대 수양》만 읽는다면 어떻게 될까? 그들은 각자가 읽은 작품

과 저자의 영향을 받아 편견을 갖기 쉽다. 그러나 두 책을 모두 읽은 독자라면 스스로 합리적인 판단을 내릴 수 있다.

이와 같이 동일한 상황이나 내용에 대한 책도 저자가 다르면 주장이 다르다. 이럴 경우 한 가지 책만 읽으면 두뇌 속에 편견이 만들어지기 쉽다. 이 때문에 다른 시각에서 쓴 여러 가지 책을 읽는 것이 좋다. 모티머 J. 애들러는 이렇게 '같은 내용 다른 책 비교하며 읽기'를 통합적 독서Syntopical Reading라고 불렀다.

우물 안 개구리가 되지 않으려면 이 읽기 방법을 알아야 한다. 세상은 넓고 주장은 다양하다. 일단 우리나라 정치 상황만 놓고 보더라도 여당과 야당의 입장이 완전히 다르다. 친여 성향, 친야 성향에 따라 일간지 논지도 다르다. 그러므로 한 가지 신문만 보는 사람보다는 다양한 신문을 두루 챙겨 보는 사람이 세상을 더 넓게 볼 수 있다. 가끔 한 가지 신문만 20년, 30년 구독했다고 자랑하는 구독자를 보게 되는데, 이런 독자는 편견으로 굳어진 시선으로 세상을 바라보고 생각할 가능성이 크다.

같은 내용 다른 책 비교하며 읽기는 비교에서 끝나는 것이 아니다. 서로 다른 두 의견을 통합하여 나의 생각을 만들어 내는 것이 최종 목표다. 이 독서에 익숙해지면 책에 확실하게 쓰여 있지 않은 내용까지 스스로 발견하고 자신의 주관을 공고히 다질 수 있다.

Tip 같은 내용 다른 책 비교하여 읽기 순서

1 같은 사건을 다룬 책이 어떤 것들이 있나 조사한다.

2 조사한 책 중에서 서로 대립되는 주장이 담긴 책을 각각 고른다.

3 고른 책을 서로 비교하며 읽고 무엇이 다른지 적는다.

4 나는 어떤 책의 내용에 찬성하는지, 어떤 책의 의견에 반대하는지 입장을 정리한다.

5 나의 마지막 판단을 내려 본다.

메모하고 싶을 때는
참지 않고 쓰기

《바람과 함께 사라지다》를 쓴 마거 릿 미첼은 엄청난 독서가였다. 그녀는 몸이 약해서 다른 일은 못했고 늘 도서관에 가서 책을 읽었다. 어찌나 많이 읽었는지 도서관에 그녀가 읽을 책이 더 이상 없을 지경이었다. 그녀가 남편에게 읽을 책이 없다고 말했더니 남편이 웃으며 말했다.

"이제 당신이 써서 읽어야겠군."

남편의 말에 미첼은 큰 충격을 받았다. 그녀는 곧 펜을 들고 글을 쓰기 시작했다. 그것이 바로 세계적으로 유명한 명작《바람과 함께 사라지다》이다.

마거릿 미첼의 일화는 작가가 어떻게 태어나는가를 이야기할 때 널리 인용되는 실화다. 실제로 작가들은 엄청난 독서가이기도 하다.

작가는 뽕잎을 먹고 고치를 뽑아내는 누에처럼 자신에게 엄청난 책을 입력한 뒤 자신의 언어로 글을 뽑아내는 사람이다.

그런데 글을 작가만 쓸 수 있는 것은 아니다. 책을 충분히 읽고 난 독자라면 누구나 글이 쓰고 싶어진다. 언어의 강을 건너 생각의 언덕에 오른 독자는 문득문득 글을 쓰고 싶다는 충동을 느낄 것이다. 그 충동은 언어 능력과 사고 능력이 향상되었다는 증거다.

독서가 입력이라면 글쓰기는 출력이다. 글을 쓰고자 하는 욕구는 독서를 통하여 입력된 지식, 교양, 정보와 길러진 사고력, 감성들이 밖으로 나오고 싶어 안달이 난 것이다.

책을 읽다가 문득 쓰고 싶은 충동을 느끼는가? 그렇다면 메모하라. 우리의 생각은 글이 되고 싶어 한다. 그것은 아주 자연스러운 현상이다. 꾸준한 독서로 당신의 어휘력은 풍부해졌고 두뇌 능력이 눈부시게 향상되었다. 당신 머릿속 생각들이 이제 밖으로 나오려고 한다. 글을 쓸 시간이 된 것이다. 하지만 책을 읽으면서 메모 충동을 느끼지 못했다면 그 독자는 아직 준비가 되지 않은 것이다.

1 문득 떠오르는 생각은 놓치지 말고 책 귀퉁이에라도 적어라. 세상을 놀라

게 한 아이디어의 60%는 책 읽기 중에 떠올랐다고 한다.

2 책을 읽고 난 뒤 여럿이 토론하는 중에 떠오르는 아이디어도 많다. 역시 메모하라.

3 책을 읽으며 떠오르는 아무 생각이나 적어라. 글로 쓰면 두뇌 속에 각인 된다.

4 책을 읽고 난 뒤 주인공에게 편지를 써도 좋고 자기 자신에게 일기를 써도 좋다.

5 무엇이든지 쓰고 싶을 때만 써라. 쓰기 싫은데 억지로 쓰지 말자.

책의 종류에 따른
읽기 방법

01 시와 동시 읽는 법

시는 언어로 그린 그림이다. 친구와 같은 것을 읽어도 머릿속에 각자 다른 그림을 그리게 되는 것이 바로 시다. 시를 읽은 사람 모두가 똑같은 그림을 그린다면 그것은 시가 아니다. 시를 많이 읽는 아이들은 그렇지 않은 아이들보다 덜 획일적이다. 특히 비유, 상징, 함축으로 이루어진 시를 많이 읽은 아이들은 획일적 사고에서 빨리 벗어날 수 있다.

시를 많이 외는 사람과 그렇지 못한 사람은 말의 톤도 다르다. 시를 많이 외우는 사람은 부드럽고 리드미컬한 톤을 가진다. 시를 외지 않은 사람은 딱딱한 톤으로 말한다. 이러한 결과는 시가 사람의 말에 리듬을 실어 준다는 증거다.

시를 읽는 가장 기본적인 읽기 방법은 다음과 같다.

첫째, 시의 리듬을 온몸과 마음으로 느껴 본다. 시는 교훈보다 기쁨을 준다. 피를 용솟음치게 하는 씩씩한 리듬을 가진 시, 경쾌하게 들리는 가락의 시, 듣고 있는 사이에 어린 마음속에 꿈을 찾아 주는 맑고 신비한 리듬을 가진 시, 태곳적 정서를 전해 주는 민요의 가락 등 시가 주는 리듬의 기쁨을 느껴 보자.

둘째, 시인의 마음이 되어 본다. 그러면 시의 이야기가 들려온다. 하지 말아야 할 일은 시어들을 사전적 의미로 분석하고 따져 보는 일이다. 이런 식의 시 읽기를 가리켜 하이네는 '달을 보고 짖는 개소리'라고 표현했다.

셋째, 시를 읽으며 머릿속에 그림을 그려 본다. 이때 아이들의 상상력은 그림으로 나타난다. 이런 회화적 상상력은 말을 하고 글을 쓸 때 눈에 보이는 것처럼 생생하게 표현하는 능력의 씨앗이 된다.

02 그림책 읽는 법

그림책은 그림을 통해 이야기를 들려주는 책이다. 펼침 페이지에 가득한 그림에는 수많은 이야기가 담겨 있다. 그림을 살짝 건드리기만 해도 이야기가 우수수 쏟아질 것만 같다. 그림책을 펴고 대뜸 글자 먼저 읽는 독서는 그림책을 읽는 올곧은 방법이 아니다. 그림 속에서 이야기를 꺼내는 것이 그림책을 읽는 바른 방법이다.

그림을 보고 이야기를 찾아낼 때 아이들은 자기가 만들어 내는 이야기에서 창작의 기쁨을 느낀다. 그런 기쁨을 박탈하고 엄마가 일방적으로 읽어 주는 그림책 독서는 주입식 교육과 같다.

그림책을 읽고 어린 독자들이 만들어 내는 이야기는 작가가 애초에 만든 이야기 그대로가 아니다. 문자로 이루어진 책에서는 80% 정도를 작가의 이야기에 의지해서 읽지만, 그림책 읽기에서는 20% 정도만 작가에게 의지할 뿐 80%를 자신이 만들게 된다. 그래서 그림책을 읽을 때는 누구나 작가가 된 듯한 기쁨을 맛보게 된다.

글자를 모르는 어린 독자와 그림책 읽기를 할 때에는 다음 순서를 따르는 것이 좋다.

첫째, "와! 이 책 속에 어떤 이야기가 들어 있을까?" 그림책을 펴고 엄마가 대뜸 읽어 주기 보다는 이렇게 슬쩍 운을 뗀다. 그러면 아이들은 그림을 보며 이야기를 찾기 시작한다. 그동안 엄마와 함께 그림책 읽기를 자주 했던 아이는 더 순조롭게 이야기를 찾지만 생전 처음 하는 아이들은 힘들게 찾을 수 있다.

둘째, 그림을 보고 아이가 이야기를 만들면 엄마는 "와, 그렇게 재미있는 이야기가 들어 있었구나"라고 맞장구치거나 칭찬해 준다.

셋째, 그다음에 작가가 쓴 이야기를 엄마가 천천히 읽어 준다. 그러면 아이는 자신이 만든 이야기에 작가가 만든 이야기를 섞어 새로운 이야기를 만든다. 이때 만든 이야기는 처음 만든 이야기보다 더욱 탄탄한 구조를 갖게 된다.

넷째, 이제 엄마가 아이에게 이야기를 들려 달라고 부탁할 차례다. 엄마의 부탁을 받은 아이는 책장을 넘기며 종알종알 이야기를 시작한다.

다섯째, 저녁에 아빠 앞에서 이야기를 다시 한 번 재현한다. 이때 아이는 독서의 기쁨을 거듭하여 느끼게 되고 이야기도 더욱 풍부해진다.

03 전래동화 읽는 법

전래동화는 탐색의 과정으로 되어 있다. 전래동화의 주인공들은 어디에 무엇이 있는지, 어떻게 해야 그것을 찾을 수 있는지도 모르면서 끝없이 찾아 헤맨다. 이들은 세 단계의 함정을 무사히 건너야 하는데, 첫 번째 함정은 목마름이나 배고픔으로 상징되는 입의 욕구다. 두 번째 함정은 아름다운 미인으로 상징되는 섹스Sex에 대한 함정이다. 세 번째 함정은 수수께끼의 형태로 나타나는데, 일종의 창의적 문제 해결력 테스트다.

전래동화에 나타나는 이 세 가지 함정을 현대적으로 해석한다면 '물질에 대한 시험', '성적性的 욕구에 대한 시험', '창의적 문제 해결력에 대한 시험'으로 볼 수 있다. 전래동화의 주인공은 이 세 가지 시험을 통과해야만 행복의 상태에 다다른다.

가끔 신문지상을 장식하는 뇌물 사건, 부정부패 사건은 첫 번째 함정인 물질의 함정을 뛰어넘지 못한 경우다. 유명 인사들을 하루아침에 몰락시키는 섹스 스캔들은 두 번째 함정인 성적 욕구라는 함정을 뛰어넘지 못한 경우가 된다.

이 두 함정을 통과하더라도 세 번째 함정인 문제 해결 과정에서 실패하는 경우가 많다. 아이는 성장하면서 변화하는 사회에서 수시로 마주하는 선택과 판단 앞에서 자기 주도적으로 문제를 해결해야 한다. 그런 인생길에서 성공하려면 창의적인 문제 해결 능력이 필요하다. 전래동화는 어린 독자에게 이 세 가지 함정을 무사히 건너는 법을 가르쳐 준다.

전래동화를 읽을 때는 다음과 같은 과정을 거치는 것이 좋다.

첫째, 주인공이 만나는 함정 세 개를 찾아보는 활동이다. 저학년일 경우에는 엄마가 하나를 찾고 아이가 나머지 두 개를 찾아보게 하는 것이 좋다. 고학년인 경우에는 스스로 세 개의 함정을 찾아보게 하자.

둘째, 각 함정 속에서 만나는 어려움이 현실 세계에서 무엇을 의미하는지 알아보는 활동이다. 아이들이 알아내지 못하는 경우에는 엄마가 예를 들어 주면서 알게 하는 방법이 있다.

셋째, 세 가지 함정의 의미를 종합하여 아이와 함께 읽은 전래동화가 오늘날 우리에게 말해 주는 중심 내용이 무엇인지 요약해 보는 활동이다.

이 과정을 거치는 동안 아이들은 작품 속에 숨겨진 현실의 원리와 진실을 눈치챌 수 있다. 작은 병아리들이 북데기 속에서 알곡을 골라 먹듯이, 아이도 전래동화를 읽으며 자기도 모르는 사이에 인생을 살아가는 방법을 깨닫게 된다.

04 만화 읽는 법

동화책과 만화는 줄거리를 전해 준다는 데에는 다를 것이 없지만, 두뇌가 그 내용을 받아들이는 방식은 매우 다르다. 예를 들어 책에서 '계백장군은 번쩍이는 갑옷을 입고 늠름한 걸음걸이로 준마에 올라 적진을 향해 쏜살같이 달려갔다'고 여러 개의 단어로 표현한 장면을 만화는 '씽-'이라는 의성어 하나로 표현한다. 또 책이 '백제의 군사들은 분기탱천하여 황산벌로 달려 나갔다'로 표현한 장면을 만화는 '와!와!'로 처리한다. 끝으로 책은 '계백장군이 장렬하게 전사했다'로 장군의 최후를 기술하지만, 만화는 '윽-'이라는 의성어 하나로 처리한다.

이와 같이 문자 독서와 만화 독서가 아이들에게 제공하는 핵심은 매우 다르다. 만화 독서를 할 때는 문자 독서를 할 때보다 어휘 학습의 기회가 줄어든다. 양적인 손실뿐 아니라 질적인 손실도 크다. '씽, 와 와, 윽'보다는 '늠름한 걸음, 준마, 분기탱천, 장렬한 전사' 등이 더 고급 어휘이며 독서나 글쓰기, 공부할 때에 더욱 유용한 도구가 된다.

상상력도 마찬가지다. 그리스 신화를 책으로 읽을 때 '아프로디테는 야릇한 미소를 지었습니다'라는 문장에서 아이들은 야릇한 미소를 상상하고, 스스로 웃어 보기도 한다. 그러나 만화로 읽을 때에는 야릇한 미소를 짓는 여인의 그림이 제시되기에 아이들은 야릇한 미소를 상상할 필요가 없어진다. 그림을 보고 내용을 이해하는 데 도움을 받을 뿐, 상상의 과정은 일어나지 않는다.

만화 독서가 장기적으로 진행될 경우에는 상상할 기회가 축소된다. 따라서 상상력 향상에 문제가 발생하고 끊임없이 상상하며 읽어야 하는 문자 책 독서가 어려워진다. 즉, 그림의 도움 없이는 독서가 불가능한 저급 독자로 전락할 가능성이 크다.

만화의 교육적 단점을 장점으로 만드는 방법이 있다.

첫째, 만화에 보면 '씽, 휙, 으윽, 쓱싹, 후루룩, 쿵쿵, 저벅저벅' 등 의성어가 많이 나온다. 이런 장면을 그냥 보고 넘어가게 하지 말고, 그 장면을 자세하고 생생한 이야기로 만들어 보게 하는 방법이다. 즉 의성어 속에 녹아 있는 긴 이야기를 끄집어내는 활동이다. 이 활동은 만화 독서가 주는 어휘력과 상상력의 손실을 보상해 준다.

둘째, 자신이 만든 이야기를 글로 써 보는 활동이다. 자료를 모아 구상하여 쓰는 글쓰기보다, 만화 줄거리에 의지하여 쓰는 글쓰기는 한결 쉽다. 아이들은 '식은 죽 먹기'라고 생각한다. 이런 활동을 통하여 어린이들은 글쓰기가 쉽고 재미있는 활동이라는 것을 느끼게 되면서 한 편의 이야기를 만들었다는 뿌듯함을 경험한다. 이것이 창작의 기쁨이다. 창작의 기쁨을 맛본 아이는 더 이상 글쓰기가 두렵지 않다. 즐거운 것은 자꾸 하게 되고, 자꾸 하는 것은 잘하게 된다.

05 창작동화와 소설 읽는 법

창작동화가 어린이에게 인생을 가르쳐 주는 문학이라면 소설은 청소년과 어른에게 인생을 가르쳐 주는 문학이다. 그래서 창작동화 읽기와 소설 읽기 방법은 동일하다. 읽기의 기본 방법을 제시하면 다음과 같다.

첫째, 책 속으로 뛰어들어 읽는다. 책이라는 바다에 손이나 발만 담그고 두뇌는 다른 것을 생각하면 기쁨도 감동도 얻지 못한다. 심청이 인당수에 뛰어들듯이 책에 완전히 몰입해야 한다. 그래야만 기쁨과 감동이 찾아온다. 뛰어들었으면 몰두해서 읽는다. 읽다가 쉬든지, 접어놓고 며칠 있다 다시 읽으면 흐름을 놓치게 된다. 자신을 책에 내맡긴 채 몰두하는 것은 작품이 자신에게 영향을 끼치도록 허용하는 것이고, 작품과 독자가 친구가 되는 방법이다.

둘째, 이성이 아닌 감성으로 읽는다. 이성은 사실인지 아닌지, 옳은 일인지 그른 일인지를 따지라고 속삭인다. 창작동화와 소설은 이성의 눈을 번뜩이는 사감 선생처럼 읽지 말고 감성의 안경을 쓰고 읽어야 한다. 감성은 좋고 싫음, 진실과 거짓을 추구한다.

감정은 객관적이 않고 주관적이며 철저히 개인적이다. 기쁨이나 감동은 객관적이거나 단체적이지 않고, 주관적이며 개인적이다. 이것을 놓치지 말아야 한다. 즉 작가가 독자에게 끼치는 영향력을 거부하지 말아야 한다.

셋째, 주인공과 동일시를 경험하며 읽는다. 독서할 때 독자가 가장 먼저 만나는 것은 인물이다. 스토리는 책의 반 정도를 읽어야 파악할 수 있고 주제는 책을 다 읽은 후에야 알 수 있지만, 인물은 처음부터 만난다. 어떤 작품을 끝까지 읽어 나갈 힘을 주는 것은 바로 책 속 인물이다. 이때 인물과 동일시가 일어나지 않으면 책 읽기의 기쁨은 줄어든다. 예를 들어 등장인물이 성공하면 읽는 독자도 성취감에 사로잡히는데, 이는 인물에 대한 동일시에서 오는 기쁨이다. 이런 기쁨이 책을 끝까지 읽을 힘을 준다.

넷째, 상상하며 읽는다. 작가와 독자를 이어 주는 것은 상상력이다. 독자는 상상력을 통해 작가의 생각을 읽어 낸다. 상상력이 낮은 독자와 높은 독자는 문학에서 얻어내는 내용의 양과 질이 다르다.

작가는 작품의 주제를 설명하지 않는다. 사건과 대화와 인물의 성격을 통해 문맥상으로 암시할 뿐이다. 여기서 독자가 상상력을 발휘하여 그것을 알아내는 것이 문학 읽기다. 문학은 상상력으로 창조되고 상상력으로 전달되는 상상력의 책이다.

다섯째, 언어의 의미를 즐기며 읽는다. 문학이 주는 기쁨의 8할은 언어가 주는 즐거움이다. 언어의 상징, 은유, 함축 등을 파악하며 읽는 독자를 고급 독자라고 한다. 반면 문학작품을 읽을 때 스토리만 읽는 독자를 가리켜 저급 독자라 한다. 줄거리만 읽을 때는 문학작품이 가지고 있는 기쁨의 20%밖에 얻지 못한다. 언어의 의미를 즐기기 위해서는 다양한 독서 능력이 필요하다. 특히 어휘력, 이해력,

추리력, 상상력. 창의력 등이 필요하다.

📖 06 우화 읽는 법

ⓐ 여우가 포도를 보고 신 포도라고 말한 것은 나쁘다. 왜냐하면 먹어 보지도 않고 그렇게 말했기 때문이다. 실제로 먹어 보면 시지 않을 수도 있는데 경솔하게 말한 것이다.

ⓑ 여우는 머리가 나쁘다. 긴 막대기로 따면 될 텐데, 펄쩍펄쩍 뛰기만 하고 손이 안 닿는다며 배가 고픈데도 가 버렸다. 이 우화에서 노력하면 성공할 수 있다는 것을 배웠다.

ⓐ와 ⓑ는 서울 D초등학교 4학년 어린이들이 이솝 우화 〈여우와 포도〉에 대한 감상을 쓴 글이다. 두 글에서 10~11세 어린이들은 〈여우와 포도〉가 말하는 비유와 상징을 제대로 해석하지 못하고 있다. ⓐ어린이는 학교 성적이 중상위권이고, ⓑ어린이는 상위권이다. 이처럼 학교 성적이 높아도 독서 능력이 낮은 경우에는 4학년이 되어도 우화의 깊은 뜻을 이해하지 못한다.

우화는 원래 고도의 상징성을 가진 문학이어서 어린이들이 이해하기에는 매우 단단한 외피를 걸치고 있다. 언어 발달 단계에서 볼 때 3~4세는 상징이나 함축을 이해하지 못하는 유아기다.

유아들은 아직 구체적 조작기에 있다. 눈에 보이고 만져 볼 수 있는 구체적인 사물을 지칭하는 구체적인 언어만을 이해할 수 있는 시기이기에 우화가 가지는 상징이나 함축과 같은 추상적 언어는 이해하지 못한다. 상징이나 함축의 이해는 독서 능력이 정상적으로 발달한 10세 이후에 가능하다.

우화에도 등급이 있다. 나이와 독서 능력 수준에 따라 이해할 수 있는 작품이 따로 있다.

독서 능력이 낮은 경우(1~2학년 수준)

이야기를 생활동화식으로 풀어 간 사실적인 우화를 택한다.
〈걸어가세요〉, 〈양치기 소년〉 등.

독서 능력이 보통인 경우(3~4학년 수준)

상징성보다는 이야기를 비유적으로 풀어 간 우화를 선택한다.
〈사자와 생쥐〉, 〈호랑이와 나그네〉, 〈늙은 과부와 하녀〉 등.

독서 능력이 높은 경우(5~6학년 수준 이상)

이야기 속에 고도의 상징성이 숨겨진 우화를 선택한다.

〈까마귀와 여우〉, 〈욕심 많은 개〉 등.

0 7 위인전 읽는 법

위인전은 분리-시련-입공-귀향의 4단계로 구성된다. 한 아이가 가족을 떠나 생명을 위협하는 갖은 시련 속에서 적과 용감히 싸워 큰 공을 세우고 금의환향하는 골격을 기본으로 한다. 위인전은 아이가 어른이 되는 과정, 보통 사람이 위인이 되는 과정을 보여 준다. 그런데 이때 등장하는 아이가 비범하면 비범할수록 위인전의 효과는 절감된다. 반대로 보통 아이나 보통 이하의 열등한 아이가 성공하는 이야기에서 독자들은 기쁨을 얻는다.

한국의 위인전은 큰 문제점을 가지고 있다. 대부분 명망 높은 가문, 뛰어난 용모, 영특한 두뇌를 가진 아이가 성공하는 이야기이기 때문이다. 예외로 강감찬 장군처럼 못생긴 아이, 한석봉처럼 가난한 집 아이가 성공하는 이야기도 있으나 몰락한 양반의 자손이라는 단서가 붙는다.

신동이 위인이 되는 이야기는 어린이들을 불행하게 만든다. 가난하거나, 공부를 못하거나, 못생긴 아이에게 좌절과 열등감을 주어 애초부터 꿈을 포기하도록 한다. 또한 부잣집 아이나 공부를 잘하는 아이도 좋은 조건을 잃는다면 성공할 수 없다고 믿게 한다.

이에 비하여 서구의 위인전은 평범한 아이나 낙제생들이 성공하는 이야기가 많다. 못생기고 가난한 링컨, 학교 성적이 좋지 않아 퇴학을 당했던 에디슨, 담임선생님이 학적부에 '이 학생은 어떤 방면에서도 성공할 가망이 보이지 않음'이라고 적었던 열등아 아인슈타인, 가난뱅이 카네기 등 수많은 위인들이 열등아로 그려진다. 어린이 독자들은 자신과 비슷하거나 자기보다 못한 처지의 아이가 성공하는 이야기에서 용기를 얻는다.

위인전을 읽는 방법은 다음과 같다.

첫째, 위인전을 읽을 때는 줄거리 읽기에 그쳐서는 안 된다. 성장의 동기를 찾아야 한다. 평범한 아이가 어떻게 위인이 되었는지 모티브를 발견해야 한다. 예를 들면《세종대왕》을 읽을 때, 세종이 한글을 만들었다는 사실보다 '왜 한글을 만들겠다고 생각했을까'에 집중해야 한다. 또《이순신》을 읽을 때는 이순신 장군이 거북선을 만들었다는 사실보다 '왜 거북선을 만들어야 했는지'를 알아내야 한다.

모티브는 줄거리에 나와 있지 않다. 독자가 자신의 사고력을 동원하여 책에 숨은 모티브를 찾아내야 한다. 독자가 찾은 위인들의 성장 동인은 제각기 다를 것이다. 이처럼 성장 동기를 찾아내는 것이 위인전 읽기의 가장 기초적인 방법이다.

둘째, 성장 동기를 찾았다면 그 동기를 위해 위인이 어떤 노력을 했는지도 찾아야 한다. 필경 그 노력은 위인의 성격, 생활 태도와 관련 있을 것이다.

셋째, 만약에 나라면 어떻게 했을까를 상상해 본다. 그저 위인이 어떻게 살았는가 아는 데서 그치지 않고 나의 양분으로 만드는 과정이다. 위인전이 오늘의 나에게 주는 가르침을 얻는 길이다.

08 역사도서 읽는 법

역사 공부를 하고 역사 소설을 읽는 목적은 역사 지식을 암기하자는 것이 아니다. 역사적 상상력을 길러 오늘의 문제를 풀어내는 것이 목적이다. 역사적 통찰력으로 현재의 내 삶을 살찌워 보자는 것이다.

예를 들면 《몽실 언니》는 역사책은 아니지만 소설의 배경이 된 식민지 시대와 6.25 전쟁을 가련한 소녀 몽실이의 삶을 통해 더욱 구체적으로 느끼고 경험하게 해 준다. 만약 어린이 독자에게 우리나라 근대사가 담긴 역사서를 주면 어떻게 될까? 아이가 책을 읽고 이해하기도 힘들 것이고 독서에 대한 흥미도 잃게 될 것이 틀림없다. 그러나 《몽실 언니》는 그 시대의 사회와 역사를 주인공 몽실이의 삶을 통하여 구체적으로 느끼고 경험하게 해 준다.

역사가는 6.25를 설명할 때 130만 명이 죽고, 270만 명이 부상당하고, 120만 명이 실종되었으며, 포로가 30만 명, 전쟁고아가 60만 명이 생겼다고 기술한다. 이 기록에서 우리는 전쟁에서 죽은 수많은 전사자에 대하여 구체적인 연민이나 슬픔을 느끼지 못한다. 즉 전쟁의 피해를 숫자로 나타내는 것은 우리로 하여금 전쟁의 참상을 느끼게 하지 못한다.

반대로 문학작품을 예로 들어 보자. 소설가 최인훈은 그의 소설 《광장》에서 '이명준'이라는 청년을 등장시킨다. 꼬박 3년 동안의 끔찍한 전쟁 이후, 휴전협정을 체결한 남북은 교환될 포로들에게 "남과 북, 어느 쪽을 택할 것인가?"를 물었다. 이때 이명준은 그 어느 편에도 선뜻 서지 못하고 중립국으로 향한다. 가야 할 곳을 잃어버린 젊은이 이명준은 6.25 전쟁이 우리 민족에게 얼마나 깊은 상처를 주었는지 보여 준다. 이 소설을 읽으면 독자는 여느 역사책을 읽었을 때보다 더 생생하고 구체적으로 6.25 전쟁의 비극을 경험하게 된다.

역사책 읽기나 역사소설, 역사극을 통하여 역사적 사고력을 기르려면 역사를 정확하게 바라보는 눈이 필요하다. 그 눈은 다음과 같은 사실을 알아야만 가질 수 있다.

첫째, 역사는 사실의 기록이다. 그러나 학급일지처럼 있었던 사실을 차례대로 모두 적은 것이 아니다. 역사가가 선택한 사실만 적은 것이다. 책에 담긴 역사에는 역사가의 시선과 가치관이 들어 있다는 것을 먼저 인식해야 한다. 역사책이나 역사 영화를 보며 곧이곧대로 믿는 것은 역사에 대한 안목이 얕기 때문에 저지르는 실수다. 역사물을 보고 의심의 눈초리를 번뜩일 때 역사적 사고력이 길러진다.

둘째, 역사란 현재에 의미를 던져 줄 때에만 가치를 갖는다. 역사를 재미로, 시간 죽이기로 읽지 않는 독자라면 누구나 과거의 사실 속에서 오늘의 의미를 발견하도록 노력해야 한다. 대학 수학 능력 시험을 앞둔 학생들이 기출문제를 열심히 푸는 것은 실제 시험장에 들어가서 만날 낯선 문제에 미리 적응하기 위해서다. 역사책이나 역사 드라마를 많이 본 사람은 기출문제를 많이 푼 학생과 같다. 그들은 현실 적응 능력이 뛰어난 사람들이다.

09 과학도서 읽는 법

과학적 사고력이란 무엇일까? 대상을 과학적으로 바라보고 생각하는 힘이다. 과학적 사고력이 발달한 사람은 남들이 그냥 보고 넘기는 자연스러운 상황에서 과학적 현상을 발견한다. 아득한 옛날부터 사과는 가지에서 땅으로 떨어졌지만, 만유인력을 발견한 사람은 뉴턴뿐이다. 또한 수많은 사람들이 탕 안에서 목욕했지만 물의 부력을 발견한 사람은 아르키메데스뿐이다.

아이들은 자신을 둘러싼 세계에 관심이 많다. 바다는 왜 파랄까, 가을 하늘은 왜 더 높고 파랄까, 해질 녘이면 하늘은 왜 붉은색이 될까, 시골의 별은 왜 서울의 별보다 굵고 밝게 보일까, 나뭇잎은 왜 초록색일까, 무지개는 왜 일곱 가지 색일까, 사람은 왜 꿈을 꿀까, 사람은 왜 죽을까, 왜 밥을 먹어야 할까…. 아이들의 관심과 의문은 끝이 없다. '어린이는 원래부터 과학적 사고력을 가지고 있다'는 말이 있을 정도다.

과학적 사고력의 출발점은 아이들처럼 자신을 둘러싼 세계에 의문을 품는 데서 시작된다. 모든 위대한 과학자들은 다른 사람들이 조금도 궁금해하지 않는 현상에 의문을 품고 연구한 결과 놀랄 만한 과학적 지식을 정립할 수 있었다. 오늘날 우리 아이들에게 반드시 필요한 능력이 바로 과학적 사고력이다.

자녀를 과학적 사고력이 높은 아이로 기르려면 아이가 책을 읽으며 다음과 같이 생각하도록 이끌어야 한다.

첫째, 의심 품어 보기다. '왜?', ' 그와 반대였다면?', '만약에?'라고 생각해야 과학적 사고력이 활발하게 작동한다.

둘째, 사실에 근거하여 생각하기다. 예를 들어 '사람은 왜 두 발로 걷게 되었을까?'라는 궁금증이 생겼을 때 '사람이 동물보다 똑똑하니까' 혹은 '신이 사람을 가장 사랑하니까'라고 생각한다면 그것은 동화적 상상력이나 종교적 상상력이지 과학적 사고력은 아니다. 과학적 사고력이란 '두 발로 걸어 보니 지구의 중력을 덜 받아서 오히려 편했을 것', 혹은 '두 손으로는 다른 일을 하기 위해 두 발로 걸었을 것'이라고 생각하는 방법이다.

셋째, 객관적인 시각을 유지해야 한다. 그동안 수많은 과학자들을 고문하고 죽인 것은 비과학적 사고의 결과였다. 예를 들면 '마녀 재판', '종교 재판'과 같은 재판들은 비과학적 사건의 좋은 사례다.

넷째, 하나의 문제에 하나의 답만 있다는 고정관념을 버려야 한다. 어떤 문제에 단 하나의 답만을 강요하면 창조적 발전은 일어날 수 없다.

다섯째, 과학을 실생활에 적용하면 어려운 문제도 술술 풀린다. 뉴턴, 아르키메데스, 파블로프와 같이 인류 과학사에 한 획을 그은 이들은 모두 실생활에서 문제를 풀었다. 과학은 언제나 자연현상과 인간의 일상생활에 연관되어 있기 때문이다.

🔟 신문 읽는 법

신문은 아이가 통합적 사고력을 기르기에 가장 좋은 매체다. 신문 속에는 정치, 경제, 교육, 문화, 생활, 역사, 환경 등 오늘날 인간이 사는 내용과 갖가지 사건이 총망라하여 들어 있다. 신문 읽기는 한쪽으로 치우치는 사고의 균형을 잡아 주고 동시에 통합적으로 사고할 수 있도록 도와준다. 이 이점 덕분에 신문 읽기 교육은 세계적으로 널리 확산되어 있다.

신문 읽기에도 방법이 있다. 아이들은 학교 공부도 해야 하고 다른 책도 읽어야 하므로, 처음부터 끝까지 신문의 모든 내용을 꼼꼼히 읽는 것은 무리다. 신문 활자를 전부 읽으면 지루할 뿐만 아니라 읽기 능력이 좋아지기는커녕 제자리걸음을 면치 못한다. 어린이들이 신문을 읽을 때 권할 만한 방법은 다음과 같다.

- **훑어보기:** 처음부터 구석구석 다 읽을 필요는 없다. 먼저 큰 제목을 훑어본다. 그러다 흥미를 끄는 곳이 있으면 부제副題를 읽어 본다. 제목에는 기사 내용이 압축되어 있다. 그 자체로도 정보를 보고 판단하는 눈을 기를 수 있다. 그래도 읽고 싶다면 첫 단락을 읽는다. 첫 단락 속에 육하원칙이 다 들어 있다.
- **사실과 의견 구분하기:** 신문에 사실만 실리는 것은 아니다. 기사는

사실이고, 논설과 칼럼은 의견이다. 칼럼에는 필자의 의견이나 주장이 들어가며, 사설에는 신문사의 의견이 들어간다. 신문을 읽으며 사실과 의견을 구분하여 이해하는 것이 중요하다. 이것을 구분하지 못하면 '신문에 난 것은 전부 사실'이라는 오류에 빠지게 된다.

- **분석하기:** 신문에는 세상 이야기가 분야별로 들어 있다. 그것을 크게 구별하여 나누어 보는 작업이 필요하다. 환경 문제, 인권 문제, 전쟁 문제, 빈부 격차 문제, 종교 문제, 교육 문제로 나누어 보면 세상 돌아가는 모습이 더욱 환히 보인다.

- **어휘 알기:** 제목이나 부제를 읽기 위해서는 용어를 알아야 한다. 신문용 어휘는 제한되어 있다. 조금만 노력하면 나중에는 자동으로 읽혀진다.

- **기사 내용 요약하기:** 긴 기사를 한마디로 요약하여 기억한다. 이때 자신의 의견은 넣지 않는다.

- **비판하기:** 기자가 기사를 쓴 의도와 사건이 사회에 미치는 영향을 분석하고, 자신이 동조할 것인지 아닌지를 정한다.

- **토론하기:** 신문에 난 기사나 사설의 방향을 놓고 친구들과 찬반양론으로 나누어 토론한다. 다른 사람의 의견을 알 수 있고 나의 편견도 알게 된다.

- **문제 해결 방안 마련하기:** 창의적인 방법을 생각해 본다. 하나만이 아닌 다양한 방향, 다양한 방법을 마련해 본다.
- **나의 생각 쓰기:** 신문 기사나 사설 등에 대한 나의 생각을 적는다. 논리적으로 표현하고 균형 잡힌 사고를 하는 데 도움이 된다.

11 교과서와 참고서 읽는 법

21세기에 접어들면서 세계 교육의 흐름은 교사 중심에서 학생 중심으로 바뀌었다. 학생 중심 교육에서 공부 시간이란 교사가 가르치는 시간이 아니라, 학생이 스스로 배우는 시간을 뜻한다. 학생은 공부 시간의 주체, 교사는 보조자의 역할을 해야 한다는 것이 오늘날 교육 철학이다. 교사가 질문하고 학생이 대답하던 교실은 이제 학생이 질문하고 교사가 대답하는 공간으로 바뀌고 있다.

교과서는 교육 과정이 바뀔 때마다 읽기 방법을 달리한다. 예전 교과서는 학생들이 읽고 외우는 자료였기에 틀린 내용이 있으면 절대 안 되었다. 교과서의 모든 내용은 금과옥조로 취급받았다. 그러나 요즘 교과서는 일부러 틀린 것을 넣어 놓고 학생들이 그것을 발견하고 바로잡도록 유도하기도 한다. 오늘날 교과서는 학생 중심 수업을 위하여 다음과 같은 단계로 구성되어 있다. 국어 교과서를 예로 들어 보자.

　단원 목표→단원 안내→나의 경험 돌아보기→나의 학습 계획 세우기→문제 발견하기→자료 글→학습활동→소단원 정리→창의 융합 학습→대단원 마무리→교과서 밖으로

　학습활동은 이해의 단계→생각 나누기→나의 지식 창출하기→ 삶에 적용하기의 순서로 전개된다.

　이제 학교에서 지식을 외우는 공부는 어떤 과목에서도 다루지 않는다. 지식을 이해하는 것은 내 생각을 넓고 깊게 만들고 나의 지식을 창조할 미끼일 뿐이다.
　요즘 아이들이 교과서를 소화하려면 다양한 읽기 방법이 필요하다. 어휘력, 이해력, 핵심 파악 능력으로 교과서를 이해하고 요약 능력, 비교 능력, 비판 능력으로 문제를 발견해야 한다. 또한 감성, 상상력, 추리력, 판단력, 창의력으로 답을 찾고 문제 해결력으로 그 답을 자기 삶에 응용해야 한다. 삶을 풍요롭게 하지 못하는 지식은 죽은 지식이다.
　참고서란 교과서를 배울 때 참고하면 좋을 보조 자료다. 그런데

지난 70여 년 동안 우리나라에서 참고서는 학습활동에 나오는 각종 문제의 답안을 적어 놓은 해답 노트에 불과했다. 안타깝지만 지금도 그 수준을 벗어나지 못하고 있다. 참고서는 교육이 지식을 외는 것 이던 시대에는 유용했으나, 요즘처럼 배운 내용을 삶에 적용하는 것을 목표로 하는 시대에는 도움이 되지 못한다. 문제의 뒷장에 정답이 빤히 나와 있는데 어느 누가 창의적인 생각을 하겠는가.

KI신서 9691

공부머리를 완성하는 초등 독서법(개정판)

1판 1쇄 발행 2021년 5월 31일

지은이 남미영
펴낸이 김영곤
펴낸곳 (주)북이십일 21세기북스

디자인 윤지은
영업팀 한충희 김한성
제작팀 이영민 권경민

출판등록 2000년 5월 6일 제406-2003-061호
주소 (10881) 경기도 파주시 회동길 201 (문발동)
대표전화 031-955-2100 **팩스** 031-955-2151 **이메일** book21@book21.co.kr

(주)북이십일 경계를 허무는 콘텐츠 리더

21세기북스 채널에서 도서 정보와 다양한 영상자료, 이벤트를 만나세요!
페이스북 facebook.com/jiinpill21   포스트 post.naver.com/21c_editors
인스타그램 instagram.com/jiinpill21   홈페이지 www.book21.com
유튜브 www.youtube.com/book21pub
당신의 인생을 빛내줄 명강의! 〈유니브스타〉
유니브스타는 〈서가명강〉과 〈인생명강〉이 함께합니다.
유튜브, 네이버, 팟캐스트에서 '유니브스타'를 검색해보세요!

ⓒ 남미영, 2018

ISBN 978-89-509-9534-8 03370